匡之文集 卷 3
Kuangzhi Personal Collection Volume 3

天京之围

Surrounding of the Top City

齐匡之 著

竹和松出版社

出版：竹和松出版社（Zhu & Song Press）

Zhu & Song Press, LLC

North Potomac, Maryland 20878

书名：天京之围

著者：齐匡之

责任编辑：朱晓红

责编信箱：editor@zhuandsongpress.com

封面设计：竹和松传媒

出版社网址：www.zhuandsongpress.com

印刷地：美国，英国

开本：8.27 inch x 11.69 inch

字数：64 千字

印次：2024 年 6 月第 1 版

发行：全球（中国大陆除外）

ISBN-13: 978-1-950797-39-4

ISBN-10: 1-950797-39-2

电子版 ISBN-13: 978-1-950797-63-9

电子版 ISBN-10: 1-950797-63-5

2006 年 5 月，赵苏摄于纽约长岛

作者简介

齐匡之，笔名匡之。1950 年生于南京。籍贯天津。

是"老三届"一份子，曾插队高淳县顾陇公社松溪大队笠帽墩村。返宁后在南京市五金机械公司仓库工作，后任公司计统科专职商业情报员。就读于南京大学中文系，文学士。

曾辗转工作于数家企业，经历了国营五交化批发企业盛极而衰最后被外资集团收购兼并的全过程。

诗集《今夜无梦》和中篇小说集 《简单程序》千禧年由黑龙江人民出版社出版。另有数百篇文学作品散见于国内《诗刊》、《江苏文艺》、《新华日报》、《雨花》、《南京日报》、《青春》及香港《新晚报》、美国《世界日报》等各家报刊杂志。1986 年成为江苏省作家协会会员。

自上个世纪九十年代初不再给报刊投稿，闭门尝试感兴趣题材长诗创作，题材遍及两千多年前的牧野之战、十九世纪太平天国攻占南京及后来湘军攻陷天京、辛亥革命、二十世纪日军攻占南京、知青节拍等重大历史事件。

近年致力于"五古"（五言古体诗）的创作，所作一系列长篇五言古体诗，重点表现南京古城墙、雨花石、六朝建康繁华、历史胜迹、器与人之间关系、多维世界等，"以箫和歌"，体现南京悠久文化历史的独特魅力，实现形式和内容的统一。

目录

远行三章

序·朝歌火光

——公元前 1046 年 1 月 10 日

王，坦然，仰望满天星宿，端坐在鹿台

燃烧的地平线，一根漫长的绞索，慢慢向脖间收紧

一丝冷笑，绽放出帝王的残忍和不屑

权力的底牌分出了胜负的肤浅

整理衣襟，缀满的珠宝发出了抽泣声音

王朝的珍藏架设在浸油柴禾之间

王就是王，全无一丝儿恐惧和不安

朝歌的夜，依旧是无比妩媚和迷人

曾经是"朝歌夜弦五十里，八百诸侯朝灵山"啊

商王朝的富足和繁华让天下人赞叹

酒池肉林穷尽了天下帝王的奢侈想象

连征东夷大大拓展了国家的疆土

而昨天，牧野决战让世界奇迹蒙上耻辱

王的大军挡不住西域联军的亡命冲击

无敌的神话气球破灭了，巨神的形象垮塌

最后看一眼商王朝的天下，王闭上眼睛

一支烈烈火炬，骄傲扔下去，划出生命弧线

宜人的温暖，便由下而上，席卷王的四周

那倒曳九牛之威，抚梁易柱之力，都结束了

愧见列祖列宗，帝辛不才，未能守住皇室基业

应该有一个壮丽的结尾来媲美太阳神的灿烂光辉啊
六百多年的辉煌化作一蓬冲天的火光
嗫嚅的唇，倾注了一个王朝的全部希冀和嘱咐
最后喊出了一个名字："攸侯喜……"

第一章 牧野决战

王，身着戎装，立在驷马战车之上
威风凛凛检视牧野阔大的战场
"其会如林"，身后的军旗像树林一样密集啊
七十万将士排列成防御的阵形
戣，戈，矛，钺……一望看不到边际
在冬日的早晨发出刺眼寒光
战鼓咚咚，男人心里充满了愤怒
锋利的刀剑按捺不住嗜血的渴望

云雾缭绕，天庭上威严孔武的众神
一起出来俯视黄河中游的北岸
在辽阔的黄河冲积扇平原上啊
两支庞大的军队处在危险的对峙中
来犯的是黄钺白旄的周师和戎狄联军
怀着强烈敌意来鲸吞肥腴的商邑
庸、卢、彭、濮、蜀、羌、微、髳等部族会合
四万五千名精壮的甲士偷袭大商

商王朝三十位先王的神灵同时现身
跻身晨星之侧，默立于牧野云空之上
默默祈祷帝辛再一次逢凶化吉
展现他"材力过人，手格猛兽"的天赋
商的主力部队正在东南淮河一带征战
朝歌只留下了少数精锐的禁卫军
先王们眼中布满了乌云般的忧郁
寡不敌众，灾难或许会像一场爆发的火山

王鹰视狼顾，紧盯着对方阵中的帅旗
口令坚定，布下了口袋一般的严密阵局
但他的心情，为什么像日食一样不完整
犹豫像雾霾一阵阵掠过了他的眼前
早前，在告庙典礼上杀牲祭旗，鸣炮启驾
一路上旌旗蔽天，戈戟耀日，气贯长虹
杯口粗的军旗旗杆面对狂风突然折断
在王的心里留下了一片变幻难测的阴影

王的主力军队正在东夷战场上大获全胜
国家的版图向东南成倍地拓展
百万战俘源源不断输入成了殷商的奴隶
促进了农业、牧业和手工业的发展
朝歌精锐只剩下禁卫军队和百余辆战车
远水不救近火啊，王的心思像冰冻难以化开
"燮伐大商"的利刃突然抵近在他胸口
切肤之痛会不会化成直触心肺的重创

阵地两翼，密集的士兵紧握起刀枪
一阵阵怒吼滚雷般席卷过冰封的阵地
战马嘶鸣，蹄下刨碎的冻土四溅
呵气成霜的天气飘洒着冰冷的冬雨
王指挥的一支庞大军队其实是臃肿浮冗啊
多是仓促召集来的市民，农夫，战俘和奴隶
他举起一柄巨剑却没有了锐利的锋刃
该如何给来犯的强敌迎头痛击

登基三十一年，王经历过无数劫难

——征伐，叛逆，阴谋和诸侯之间严重冲突
凭借着"倒曳九牛之威，具抚梁易柱之力"
一次次化险为夷铸成他无穷的自信和自负
这一次，他突然感到后脊背一阵阵冰凉
仿佛是听见了诸位先王冥冥中的警告和提醒
他豹眼圆睁，誓与强敌决一死战啊
他没有退路，也不愿充当可耻的逃兵

三千多年前，在黄河中游的中原大地上啊
近百万精壮的男子聚集在一起准备厮杀
一幅辽阔的血腥大战的斑斓图卷
徐徐地平铺在晨曦下的黄河岸边
冬月的寒风吹拂过一张张严峻的脸庞
雨水流过了铜盔和沉重厚密的甲胄
惯于征战的武士们束紧鞋履准备快速奔走
初上战场的奴隶惊恐地瞪大了眼睛

"百夫致师"，周师阵营发起了第一次进攻
尚父率领几百名勇士发起了挑战
战车辚辚，健马奋勇奔驰，旗帜在风中招扬
大地隆隆作响仿佛是一面激情演奏的战鼓
铺天盖地的箭雨令天地间变得昏暗
死亡从天而降，这里那里，战士纷纷倒下
血浆奔绽，痛苦呻吟，凶狠的诅咒和斥骂
落马的武士淹没在蜂拥交加的枪戟中

一遍搦战，又是一遍搦战
"以大卒驰帝纣师"，周师联军发起了总攻
"戎车三百五十乘，虎贲三千人"，从正面冲击

"士卒二万六千二百五十人"，紧随其后
周师要来争夺中原霸主的地位啊
联军则渴望分享数不尽的奴隶和财富
嗜血刀剑高高地向前方举起来了
冲锋号角凌厉地响彻了地平线

一声炮响，王的军队突然开始变阵
后队变前队，迅速推出来一排排拒马桩
数千根巨大圆木紧紧锁接在一起
转眼之间组成了一道几里路长的坚固防线
尖锐的粗大木桩约有六尺来高
三锹两铲就奠定了牢固的根基。
削尖的木桩交叉布成了可怖的阵式
成为了战车无法逾越的死亡陷阱

战马喷吐着白沫，一路上排山倒海
一切阻碍也不能放慢突击的速度了
沉重的战车群狂奔猛冲疯魔突击
自杀一样重重冲撞到碗口粗的拒马桩上
马死车翻，甲士们东歪西倒跌翻在地
第二排战车紧跟着倾翻在他们的头上
后排战车接二连三撞击在一起
像麻花一样可怖地弯曲和变形

木桩上挂满了荆棘和刺果
缠绕着令人生畏的尖刺和竹针
受伤的马匹撞断了脊梁惨痛呻吟
变形损坏的战车倾翻在阵地前
第二波进攻开始了又再次被遏制了

阵地前成了一片战车的墓场
独辕断裂，车轮破碎，长毂变形
长方形车厢倒扣在拒马桩上鲜血淋漓

一大排燃烧的火箭射过来落在拒马桩上
这里或哪里，烈焰腾腾升起来
残毁的战车瞬间化成了耀眼的金樽
死伤的武士和马匹散发出一阵阵焦味
烟雾弥漫像死神的长袍飘扬在牧野上空
目睹者胆颤心惊，默默诵念起神明的名字
一彪敢死队跳下了战车，疯狂抡起利斧
于烧毁的障碍中砍出了一道长长缺口

大批联军战车一拥而入，发出恐怖吼声
仿佛是黄河决堤冲破了商军前线的阵脚
刀剑撞击，喝斥与怒骂，悲惨哀号
战场上的混乱如同绞肉机一般凄惨
王策马向前，商军像波浪般轮番突击
两军交锋，天地间霎时间变成了一片血红
近距离肉搏，竭尽全力，砍杀和防卫
青筋暴突，目眦尽裂，沉重喘息

联军的数十辆沉重战车疯狂冲来
团团围住了王的战车群刀枪齐举
戎人、羌人快意地呼啸，王的禁卫军队被远远隔开了
身陷绝境，王和随从们挥动长戟奋力厮杀
几根拉钩伸过来搭上了王的战车
战车群混乱冲撞像漩涡一样旋转
长枪接连掷来，从王的甲胄上划过

深深地穿透了战车厚厚的厢板

几条勇士呼啸着腾空跳跃
踏过车辕和厢板疯狂直扑过来
王挥剑刺砍，首级连连落地，血溅甲胄
后继者厉声嚎叫发起了更猛烈的进攻
危急关头，禁卫军打开了猛兽的栅栏
一群群饿虎，熊黑，黑豹出现在阵前
饲养员大声叱咤，猛兽咆哮着扑向战车
马匹受惊了，四散跑开，再也不听从使唤

大批联军的步兵汹汹压上来了
几万名壮汉迎着死亡飞跑前进
墨刺文青的脸庞显得格外凶猛
分不出是地狱的妖魔还是人间的煞星
低沉吼声像是一阵阵滚雷
疾卷的旗帜标识出上百个方国的图案
这本来就是一场浩大的狩猎活动啊
猎一群兽和猎一个国没有什么本质的区别

武士们终于嗅到了血腥的味道
兴奋地发出了恐怖的吼叫声
高举起斧和戟争先恐后扑向前方
盾牌后是一双双无惧无畏的目光
野性砍杀，致命刺击，沉重撞碰
丛林法则就是我活着你必须死去
刀剑砍断了，互相厮打着在地上翻滚
分不清对错全凭自己的生存本能

王的大象战阵快步出现了，还有犀牛和河马
恣肆奔突，迅速逼近联军的步兵阵营
密集的壮汉队伍陷入了巨兽踩踏之下
哭爹喊娘，像蝼蚁一般拥挤和死亡
一阵阵绝望惊呼升起在在地平线上
骚动，却步，然后是没命地退逃散开
巨兽无情追击，轻易碾碎士卒的身体
像撕碎纸片一样扫清了来犯的强敌队伍

……午后，吞食了冰冷饭团、干饼还有鸡蛋
庞大战场上出现了短暂的休息
伤者咬紧牙关包扎身体，折损的刀剑更新
大捆大捆的箭簇运送到军团战士手上
阵营的前方时而出现了骚乱
大巫们穿戴神武，在阵前跳起了舞蹈
目睹的武士们见了心头一阵阵发紧
那是来自神明的最强烈的启示啊

咒语在上空颂响，音节是那么抑扬顿挫
是一种警告，还是潜意识中明确无误的提醒呢
——或是痛快死去，或是辗转而亡
没有其他的选择了，生死将在此一搏
为了驱魔辟邪，巫师手中有一条大鱼活蹦乱跳
高高抛起，却化成了一只矫健的苍鹰
在战场上盘旋又直穿云霄消失无影无踪
只留下惊愕的武士们半跪下默默祈祷

联军的数百辆战车群发起了新的攻击
大地颤抖，连锁引发心灵的震颤

一次次可怕的打击就像疯狂的攻城锤接连不断
王的阵营出现了危险的骚动
王的大军多数是市民，战俘和奴隶
殊死决战早已经超过了他们承受能力的极限
这里和那里，溃退的士兵越来越多
最后雪崩一样引起了灾难性的反应

王的阵地上出现了可怖的裂痕
一些巨大的真空瞬间被敌军填满
陌生军装，奇特语言，敌意厮杀
血流漂杵，生和死原本也没有什么不同
箭雨密密地降落，死神随时擦身而过
血污脸庞看起来比魔鬼更加恐怖
杀气腾腾弥漫在阔大的牧野战场上
阴阳两界的边缘在这里难识难分

几番鏖战，王的身边只剩下数十辆战车
忠心耿耿的禁卫军排列成铁桶防御阵式
大军终于败退了，像退潮的浪头从身边掠去
前徒倒戈，各军缤纷的旗帜在脚下任意践踏
倒曳刀剑，慌不择路逃亡，眼中满是恐慌
死神的恐怖吓惨了临时招募来的市民和奴隶
数十万东夷口音的战俘彼此呼应
寻兄唤弟，反戈一击成为了敌军的帮凶

寡不敌众，王的方阵如同是一座孤岛
被败退的大军潮流卷裹着漂向大后方
天际线上，周师和联军的追兵黑压压望不到边
密麻麻的刀剑在天空闪闪发光

嗜血的渴望化成了震天的吼响
没有怜悯，只有赤裸裸的掠夺和贪婪
商师溃退了，直退到朝歌外城
在玉门关外，王重整队伍，背城一战

忠诚的禁卫军与部分市民压住阵脚
筑成了一座船首般的防御阵地
拆下房梁，砍倒树木，堵塞道路
挡住了战车群疯狂的追杀和冲击
王的驷马战车驰骋在阵地的中央
帅字大旗猎猎招展在他身后的天空
登基三十一年，他见过无数凶险的场面
他不动声色，发出一道道严厉指令

敌军前锋黑压压地冲上来了
爬上路障，疾步来赴一场危险的死亡约会
将领们顾不上指挥自己的军队啊
身先士卒，直扑王车，渴望建立辉煌军功
方国的诸侯们纷纷出现在战场一线
展现出了大酋长英勇善战的本色
率领部落勇士横冲直撞，所向披靡
要在击败大商的盛宴中分一杯羹

禁卫军个个是身经百战的勇士啊
以一顶十，挡住了一次次险恶的进攻
引弓射箭，须臾间箭如雨发，所向披靡
扬臂掷枪，贯穿了彪悍武士裹甲的胸襟
天昏地暗，鬼哭神嚎，血流漂杵，沧河水赤
玉门关变成了恐怖的鬼门关

多少渴望建功立业、衣锦还乡的男儿啊
黯然失色，扑倒在黄土地上魂丧命亡

障碍拆除了，战车群恢复了锐利进攻
犁庭扫穴，气势汹汹的进攻不可阻挡
马匹嘶鸣，战车颠簸，兵士们挥戟猛刺
快意地把面前的一切碾压成粉剂
王的禁卫军可怜也是血肉之躯啊
一层层填满了敌军前进道路上的所有沟壑
一个时辰，又是一个时辰，漏壶里滴着血浆
王嗟叹了，放弃了当日的第二场抵抗

王的战车辚辚，退入了鹿台
朝歌城池，是王据险而守的最后希望
周师联军漫山遍野黑压压地涌来
攻下了金牛岭，团团围住了鹿台
凶残厮杀像飓风席卷了敌我双方
王军的长弓利箭磅礴着死亡暴雨
奈何周师披有"阙巩之甲"汹汹进犯
嗜血猛兽们发起了一次又一次致命追击

王的眼神渐渐黯淡了，沉重叹了口气
环顾四周，一切于他不再有任何意义
象牙筷，犀玉杯，还有旄象豹胎
失去了王位，他该怎样去感受生命价值呢
雕梁画栋，镂窗文墙，广厦高台
一座座豪华的牢笼束缚了他的手足
锦衣九重，曾经是无比的风光啊
得与失，在此刻如黑白一样分明

他一生着力于对东夷用兵啊
中原的灿烂文化辐射到了东南边境
上百万战俘源源不断成为了大商的奴隶
生产力得到了无比充足的补充
晚殷的中兴气象是何其兴旺发达啊
贵族和诸侯们庆贺的话语还在房梁缠绕
为什么，这一切说结束就结束了
翻脸和翻牌如同是彗星一样迅速降临

这一次偷袭，并非是失败的唯一缘由吧
王的心里一时缠绕出多少种纠结
内部的危机像火山在一瞬间爆发
潜在的冲撞、激荡和压制根本无法目视
那些不满，抱怨甚至是罕见的冤屈
那些阴谋诡计，暗中勾结和无耻背叛
一起在岩浆涌出时赤裸裸展现
而此时，回答和应对已失去了意义

大势已去矣，王转身来到了露台
久望天象，终于看到了自己的位置
那是在银河左岸，群星密集的旁边
有一颗流星徜徉在无限的时间和空间
"蒙衣其珠玉"，王在准备着自己
撇开了肉体，来开始一趟灵魂的旅行
"王克东夷而损其身"，他心中全无憾意啊
王最后遥望一次东南方向，眼中满是坦然

第二章 东渡北上

1

消息传来时，淮水汹涌，大商的旗帜猎猎
江淮之间正举行一场浩大的受降仪式
东夷的诸侯和酋长林立，"袒身反缚以告"
献来了珍贵的祭器，在军帐前静候发落
粮食和布匹源源不断运进了军营
大批战俘忙碌地修理战车和锻打兵器
数不清的帐篷一直布满到天际线
庞大的占领军在享受鏖战之后的宁静

将军攸侯喜不动声色从统帅旗下走出
号角齐鸣，篝火喷油，将士们纵情欢呼
他下令给诸侯和酋长们松绑，约法三章
又好言相抚，让其自率卫队返回各自的方国
大获全胜的喜悦犹如巨鹰降落尚未收羽
飞骑赶到，送来了朝歌受到攻击的凶讯
将军下令，战车和甲士立即准备出发
十万精锐殷军组成了火速勤王的先锋部队

造饭，拔营……一道道命令发下去了
旌旗招展，地平线上集结起一支威武的大军
殷军居中，两翼是林方、人方、虎方三个方国武士
涕竹舟、涕竹笋等部落的英勇甲士们殿后
马嘶人吼，鼓角齐鸣，方阵西移
二十五万人的军队脚步响如惊雷
密密的鹰群一再在云端上久久盘旋啊

预感到大地上发生了惊天动地的事情

随后，一道道飞骑陆续赶到，噩耗惊心动魄
牧野战败了，玉门关和金牛岭相继陷于敌手
一队队溃兵和伤员迎面退下阵来
五颜六色夹杂着逃亡贵族和大臣的车辆
几名负伤的禁卫军将领见到帅旗滚下马来
话未出口一个个便泣不成声——
大商的太阳陨落了，六百年殷商成为了历史
印证了"王自燔于火而死"的可怖事实

将军大震，内心山崩地陷，以掌掩面
大军止步，地平线上黑压压地鸦雀无声
进无可进分，退无可退……这是一种无可奈何啊
军令一级级传下来了，全体就地宿营
将军返回军帐，把叹息和忧伤压在心底
邀请来各位诸侯、酋长和将领一起会商
一条条精悍身影跃起，建议、反驳和争辩
从午后商议到入夜，又从深夜争论到黎明

帐外，随军巫师们在篝火旁施法占卜
通灵铜鼓的咚咚声彻夜响个不停
羊骨再三抛起，跌落成不同的样式
暗示着神灵的旨意和先人的各种指示
铜钱，米粒，数字……各自大显神通
演绎出前途走向和未来的成败凶吉
蓍草"揲之以四，以象四时，归奇於扐
以象闰，五岁再闰，故再扐而后挂……"

占卜的结果，不断送入军帐中
掀起了一阵又一阵惊呼和恐慌
归顺周朝始终是下下签啊
意味着奴役，屈辱和卑微下贱
分庭抗礼也并非是最佳抉择啊
大商的运势如同陨石在快速下降
攸候喜虽然是殷商王室的旁支子孙
他谢绝了一统天下的登基劝谏

江边，一块巨大的乌木被选中了
木匠挥斧，雕刻成一座帝辛的宏大木主
旌旗纷纷，木主竖起来，直参云天
成为了号令诸侯的一座精神偶像
追悼仪式开始了，大批巫师载歌载舞
战士们低声吟哦，敲打起剑鞘
将军举弓怒射，空中翱翔的大雕应声落地
印证神的旨意和来自冥冥的暗示

随后几天，可怖的厄讯接连传来
在朝歌，胜者飞扬跋扈，正大肆挞伐
一百多名商朝的大臣贵族被俘
捆成长长一串，徒步押回了丰京
衣锦玉食的骄子如今一个个被发跣足
在西去的寒风中颠簸和啼号
无情的皮鞭锐利地抽打他们的脊背
武王要将他们作为人牲杀死祭祖

野蛮的戎狄联军长时间屠杀和劫掠啊
刀光剑影，血雨腥风，一幕幕重启

十八万商人在哀号声中含冤死去
死亡阴影笼罩着整座中原大地
军人，还有大量平民被掳为奴隶
在皮鞭下肩扛手提，为战胜者搬运财物
三十三万商朝的子民哭泣和哀伤
一辈辈沦作为异族的苦力

异族人在商的国土上大肆捕猎
虎、熊、犀牛、鹿等动物纷纷倒下
以武王名义猎杀了一万多头珍禽异兽
戎狄联军横扫了无数的野兽和家畜
王室的珠宝财物被洗劫一空
掠走了大量祭器，卜甲和绫罗绸缎
十八万块雕刻精美的佩玉、翡翠和宝石
落入了异族人掌心，映亮了他们贪婪的眼睛

祭祀济水和泰山的任、宿、须句和颛臾啊
这四个方国是尊贵的伏羲风姓的后裔哟
公开表态今后会忠心臣服于周朝
纳贡，觐见，上交税赋和输送奴隶
只有宿国分裂成为尖锐对立的两派
南宿选择淮夷建国全力来对抗周王朝
一队队使臣星夜赶来面见将军
期望建成抗击西辱的联合阵营

将军巡望他的十万精锐殷军啊
一切都晚了，远水近火，他如今孤掌难鸣
微子降周，成为了仇敌帐下的卿士
"复其位如故"，有望回到自己的封地

而太师箕子隐居藏进了箕山深处
借助天然的黑白两色石子摆卦占方
观测星象运行，研究天地四时和阴阳五行
沉溺于参悟万物循变之理

他只期望保全殷人的这一支血脉啊
不让壮士们在残暴战役中牺牲殆尽
任何一场战争都是人类社会的绞肉机啊
粉碎了母亲的梦想和妻子儿女的希望
西周联军势头正旺啊如同是火上喷油
避其锋芒是一种最佳的抉择
树根在每一块肥沃土地上都能够生长
几度风雨就会又成为一片茂密森林

一些智谋超群的术士连续几天观测天象
三垣二十八宿，应对着阴阳五行之法
斗转星移，暗示着一些将要发生的事情
提前去窥测人世间的旦夕祸福
几名大酋长若有所思，又烧龟甲印证
篝火哗啪，龟甲上映现出奇妙的纹路
上天启示出一些重要的未知事理
推演出这支大军的吉凶和命运

龟甲上分明是"远遁"两个大字啊
军帐内外出现了难得一见的静穆
诸侯和酋长们纷纷离座恭敬下跪
虔诚领受来自神明的珍贵启示
"远遁"是目前仅有的万全之策啊
"相土烈烈，海外有截。"指明了今后方向

将军挥剑砍下案角表示出坚定决心
众人额掌称庆，帐外响起了山呼海啸般的欢呼声

2

一位鹤发童颜的老者被寻访到了
人称三百岁翁，膝下有一群两百多岁子孙
猿臂舒展，为将军亲自采下一篮鲜果
飞身下树展现出民间非凡的轻功
老翁曾经是一名著名的远洋船长啊
览阅过大海上无数的大陆和岛屿
他亲身去过"有截之地"两次
如数家珍，谈起了熟悉的路线和路径

几番恳谈，如土壤一再被深翻
将军的心被深深地吸引和打动了
远方的草原，山川还有宁静湖泊
蓝天白云和密麻麻幽暗富庶的原始森林
数不清的野牛群和鹿群自由徜徉
土地一望无际，肥沃得流出油水
湖里的鱼群自动跳入船舱捡也捡不完
迁居的雁群大摇大摆敢在人的掌心拣食

那片土地广袤无垠比大商领土多上十倍啊
却几乎看不见人群活动的影子
不需要大动干戈去浴血征服异族
也无需杀戮以树立王朝的威信
王无须争而可以得天下而治之
民无须苦而可以获衣食之无忧
那里是每一种理想皆可实现的地方

每一粒希望的种子自由长成参天大树

将军夜不能寐，仰天握拳，暗下决心
他身上流的是武丁大帝的血液啊
远遁不是逃避，更不是懦夫的软弱
是一种更好抉择和对于美好的追求
准备出发吧，骏马在帐外仰脖嘶鸣
宝剑在鞘中一再发出龙吟的声音
他步出帐外，眺望遥远的东方
天黑星繁，一抹鱼肚白在地平线上升起

本着"人各有志，去留自取"的军帐议定啊
清晨，第一批诸侯和酋长来向将军鞠躬辞行
他们是大商的宗亲和近支族人啊
要返回故土去投奔复位公爵的微子
子启被周册封于商朝旧都商丘
建立宋国，特准其用天子礼乐奉商朝宗祀
恋旧的大商后人们寻觅到一处港湾
来栖息自己受到兵火创伤的心灵

将军厚赠粮食，珠宝和奴隶啊
目送大商故旧的一群群军队策马西去
他又送走了一批东南沿海的诸侯
押走奴隶去返回边夷故土与族人团聚
一旦今后周师相犯危及到方国的生存
沿海方国的人马将南下穿过密密的原始森林
次大陆上有浩大的土地资源啊
还有千岛群岛绵延万里看不到边际

将军的传令在春风中四处播扬
全体军民在准备东渡北上的长途迁徙
聚集粮食，筹备车马，沿海购买舟楫
大批猪豕，牛羊，鸡鸭被屠宰，晒成了肉干
所有的战车上添加了水箱的储备
一筐筐鞋履制作出来，一捆捆兽皮，一批批麻布
作坊中炉火熊熊日夜锻打武器
行军的大小帐篷累积到了几万顶

老弱病残便留在了自己的封土攸国
修理房屋，疏浚水渠，又协助铺平道路
建立起一个有效的自治组织
完成了大后方的维护和运行
将军四处巡查，拜托地方的威权长老
见机行事与新王朝周旋以保全子民
无论是千山万水，大军到达迁徙地后
他承诺一定会派人回来报信和联系

涕竹舟和涕竹笋的大诸侯们翻身上马
率队东行，踏响了远征有截之地的序曲
他们的部落伐尽了家乡的涕竹
通过海路运来积聚在港口的海面上
"高数百丈，竹围三丈六，厚七八寸"
当年涕竹之宏大颠覆了古今人类的认知
几十棵涕竹就足以建成一只巨舰
承载下人们对于远征的全部梦想

3

天晴日朗，春暖花开，师祭仪式结束

二十多万殷人开始向东北远征
人方，虎方，林方，浩浩荡荡人马分几路出发
越过淮河，黄河，前往山东半岛的蓬莱
先锋是重型战车和威严的甲士啊
逢山开路，遇水搭桥，疏通一切障碍
将军的方阵与主力队伍紧随其后
家眷和妇孺的车辆受到了严密保护

巨龙摆尾，华北大地上惊天动地
远征军战鼓齐鸣，枪戟如云，气势如虹
长长的奴隶队伍拉纤或者推车
协助运输大量粮食、物资和辎重
体力不支的奴隶随时被更换和遣散
保持着紧密有序的前进队形
狩猎的轻骑兵四散分开寻找野物
野羊，鹿麂……束在马背上纷纷运来

蓬莱海面上，一支庞大的舰队连绵百里
风帆猎猎，在朝霞中显示出宏伟的剪影
涕竹舟和涕竹笋的工匠们施展出才华
营造出劈风斩浪的大舟和艨艟
结实的藤蔓和木栓牢牢地锁紧涕竹
鬼斧神工输出了一艘艘不沉的方舟
船员们操纵吊杆拖起一袋袋渔网
万千只鱼儿在船舱里跳跃腾空

数万妇孺和无数后勤辎重在此登载船只
一站站航行，直赴万里之外的有截之地
北太平洋黑潮暖流从台湾东部北上

汹涌澎湃又沿着日本南岸向东
暖流带来了大量的热能和温湿空气
顺风顺水提供了远征航行的便利
一直延伸到万里之外遥远大陆后分为两支
一支北上，另一支沿新大陆的外缘南下

远征军的主力在陆地上沿着海岸线北上
十多万精壮的武士是一股可怕的力量
沿途"借路"，各个方国慌张但是恭敬顺从
派出向导引路，又送来了大批米肉和鲜果
陆海两路大军时合时分，时分时合
蜿蜒向东北进发，远远离开了古老的中原大地
在夏季抓紧时间进行声势浩大的集体迁徙
按照神的旨意，去投奔理想中的"有截"天堂

一天傍晚，前锋车队在路上阻步不前
俘虏野人的消息很快就传遍了整支大军
将军赶到前方看见了两名巨大的野人
被绳索束缚正坐在大树底下沉重喘息
一名是野人幼儿，却比将军的卫士长还要魁伟
正用诧异的眼神打量着人类的军队
另一名是母亲，足足有两丈多高
身上披着一尺多长的厚密毛发

母亲的眼神冷峻坦然毫无怯意
其逃走后为护孩子又独自返回
饱满乳房正不断滴下洁白的乳汁
用急促的短音提醒孩子保持警戒的距离
将军下令解开绳索放走了野人母子

那幼儿顺手拣走了一张盾牌当作玩具
健步如飞，瞬间就在山林中消失得无影无踪
只留下了两团绳索和梦幻般的惊人回忆

几天后大军路过了北方的孤竹国
国君来迎，将军快速下车表示尊敬
伯夷和叔齐为让出王位双双出逃
成为了天下传诵的千古美谈
两人又曾在偃师拦住周师联军的大军
牵住周王姬发的马头，紧紧扣住缰绳
怒问"父死不葬，爰及干戈，可谓孝乎？
以臣弑君，可谓仁乎？"

犯颜苦谏几乎惹来了杀身之祸
姜尚誉曰："此义人也，扶而去之"
周克商后，天下宗周，而两人耻食周粟
隐于首阳山，采食野菜及饿将死
歌曰："登彼西山兮，采其薇矣
以暴易暴兮，不知其非矣
神农、虞、夏忽焉没兮，我安适归矣
于嗟徂兮，命之衰矣"

北海之滨，是伯夷叔齐世代居住的地方啊
"饿于首阳之下，民到如今称之，其斯之谓与"
要在后世评价中体现自己的人生价值
这才是留名千古和万世流芳啊
将军的心里泛起了一阵阵涟漪
一些想法如同巨鲸浮起又深深下潜
那些世间罕见的奇思和幻想哟

可能是唯一有价值的金矿般的财富

将军下令，释放走数万名奴隶
酬送米面又发放了随身的武器
让那些东夷的精壮男子返回家乡
承担起儿子、丈夫或者是父亲的责任
东夷人欢快地呼朋唤友
结伴踏上了南下的归途
辎重减轻后用不到众多挑夫和车役
一举两得还减少了口粮的消耗

一路上见到了这么多奇异怪兽啊
"凫丽之山，其上多金玉，其下多箴石
有兽焉，其状如狐，而九尾、九首、虎爪
名曰蠪侄，其音如婴儿，是食人"
"剡山，多金玉。有兽焉
其状如彘而人面，黄身而赤尾
其名曰合窳，其音如婴儿，是兽也
食人，亦食虫蛇，见则天下大水"

月亏月盈，大军露营在辽河平原
一小队朝鲜使者来到营地求见将军
谈到来意，将军和诸侯们喜形于色
意外的消息立刻传遍了整座营区
王的叔父其子太师是殷商最显要的贵族啊
已从胶州湾渡海，来到了与商有族缘关系的朝鲜
带来了商代的礼仪、制度和先进文化
被当地的诸侯和头人推举为国君

同来的殷商贵族林林总总啊
有景如松、琴应、南宫修、康侯、鲁启
五千余名商王朝的遗老遗少在此定居下来
建立起名闻遐迩的箕氏侯国
传播先进的农耕、养蚕、织作技术
建筑房屋、开垦农田、养蚕织布、烧陶编竹
还带来了大量青铜器用作祭祀和祈祷
制定"犯禁八条"法律以解决人们的争执

使者轻轻朗诵起箕子新作《麦秀歌》
声情并茂，诗句像雨水渗进了每个人的心田
"麦秀渐渐兮，禾黍油油
彼狡童兮，不与我好兮"
惋惜商朝亡国，而王当时不听我劝
如今落得河山破碎，家破人亡了
将军和诸侯们听见皆动容流涕
深深地刺痛了所有人的心灵

一部分诸侯久仰箕子太师的盛名啊
千载难逢，提出要率师投奔箕子侯国
群鸟在林不如一鸟在手啊
舍远求近不失为一种明智的选择
可是朝鲜半岛容纳不下数十万大军涌入啊
将军沉思良久，决定大军继续远征
他目送一支亲近军旅随着使者投奔箕子侯国渐渐远去
下令开拔，前往计划中的海外有截之地

几度月亏月圆啊，北方的铁流滚滚
大军沿着海岸线继续北上

一路上向导换了一茬又一茬啊
夏季的南风推送着前进的步伐
马夫们在车上支起了桅杆
又用皮革和麻布架起了车帆
风帆兜满南风，马儿的步伐变得轻快
一辆辆重车像小船在草原上轻松滑行

辽阔的草原上花草繁茂生长
盛夏的阳光给面前的美景镀上一道金边
终于，出发后六个月，大军的脚步停下了
远方是大海，停泊着一望无际的浩大舰队
向导来到将军的马车前深深行礼
"向陆上和海上众神保佑的男人致敬
这就是您要去的虎牙海角海港
伟大的无敌舰队正在殷切期待统帅"

涕竹舟和涕竹笋的诸侯们乘快船登岸
向将军和庞大的陆上武装力量表达赞美
上千条艨艟巨舰排列到遥远的天际
信号旗升降发出一条又一条讯息。
妇孺老弱和辎重船队在此等候了一个多月
久别重逢发出了响彻云空的欢呼声
水上健儿热情拥抱陆上大军的到来
会师的喜悦弥漫在大军的营地

夜晚，篝火和灯光布满四面八方
突然天空中掠过了一片奇异的光彩
瑰丽北极光向南方的客人展现出无限魅力
一片绚烂的翠绿弧光徐徐地升起在太空

曼妙多姿又显得十分神秘难测
忽而变化成带状、幕状或放射状
恍如"蚩尤旗"呼啦啦地突然布满眼帘
白色、黄色、蓝色，有时候是艳丽的红紫色

是那样的出乎意外又超越想象啊
千变万化挥洒着不受羁绊的个性
多么像将军此时此刻的心理活动啊
呈现出无穷无尽的期盼和可能性
陆上的汉子面对无边无际的大海
高举铜樽泼洒出芬芳的琼浆玉液
致敬伟大的海神、天神和陆神
永远奉献出最丰厚的牺牲和礼品

遥望来路将军和诸侯们一躬到地
感激的泪水盈满每个人的眼眶
二十多万殷商的子民长途迁徙
跨越千山万水，扬帆惊涛骇浪
这一路寄托了多少殷切的期望哟
神灵庇护殷商子孙史无前例的远征
遥望中原，人们高声祈祷殷地安啊
殷地安，殷地安，殷地安啊

第三章 越洋海外

1

辎重、粮食和行李从车上卸下来了
大军准备远航，一列列士兵登上了海船
武器，盾牌和劳动工具集中堆放在舱底
大桶淡水一排排整齐排列成行
羊群和鸡群用栏杆和笼子圈起
稻谷和蔬菜的种子装满了一层层麻袋
大片海帆凌空升起来，藏蓝和桔黄
海之滨，一望无际仿佛是开满鲜艳的花朵

大卷大卷藤条和麻绳运上了甲板
水手们再一次细心地维护远航的船队
加倍紧固每一处接头和着力点
又用油脂棉纱塞紧了船身的缝隙
老船长从内袄中取出一张干燥兽皮
上面有赭石画成的弯弯曲曲的奥秘花纹
这是他几十辈单传下来的传家宝啊
成汤大帝亲自研究过这一幅海图

渡过海峡不算是一件艰难的任务
顺风顺水时只有一昼夜的航程啊
首先到达的是新大陆一片苦寒之地
终年冰雪只有熊罴和麋鹿活动和出没
然后沿着新大陆海岸线一路南下
气候温暖土地上绽放出勃勃生机
牛羊成群，雁鹅满天，鱼群自动跳进船舱
那里才是远征大军理想的落脚之处

将军和诸侯们弯身查看地图
一条粗长的黑色笔触引起他们的注意
那是天神赐给人间的宝贵礼物
化身成为一条北太平洋黑潮暖流
日夜不停地向北方和东方流淌
一直通向那"有截之地"的腹心地带
好似是造物主的强大魔力在助推舟船
向理想中的天堂一路上自由漂流

将军登上了旗舰高大的舰桥
眺望浩浩荡荡的远征船队
上千条巨大的舰船一望无际啊
骄傲地陈列在众神的视野范围
二十多个诸侯国的英雄儿女
展示了去国远征的博大胸怀
眼眸中闪烁着向往美好生活的亮光
唇齿间从没有后悔和抱怨的语言

诸侯国的舰队纷纷挂出了自己的旗帜
醒目地组成了一个个独特的海上方阵
妇孺和辎重的大船行驶在中央
艨艟和战船护卫在前后和周边
白天联络通过升降风帆和挥舞旗帜
夜晚则亮起了船只首尾的桅灯
士兵和水手们再一次合力进行了演习
完善了联络和救护的最后的方案

二十多个船队方阵一字儿排开了

首尾衔接一眼看不到边际
攸侯国，骁勇的人方，虎方，林方
还有熟悉海洋生活的洮竹舟，洮竹笋……
几天后，物资装船和远洋编队终于完成了
将军下令，船队鸣号驶向遥远的东方
海岸线上渐渐恢复了往昔的冷清
只留下一群群海鸟栖息在遗弃的战车上

2

船队顺风顺水向东方驶去
一叶叶大帆兜满了强劲的西风
盛夏的海上出现了五颜六色的光晕
无远弗届，恣肆传递出强大的讯号
一连串的陆地和岛屿络绎不绝出现在船边
串联起美好想象和出其不意的惊喜
海狮群好奇地瞭望舰队飘扬的旗帜
海牛高高抬起头来默默追逐着大舵

将军双手拈香默默举过了头顶
祈祷伟大的海神保佑殷商的子民
是神的旨意指引人们离开了世居的中原故土
去投奔万里之外的美好的有截之地
出中原者，如同是古老森林生生地拔出根来
飘洋过海去移居到陌生的土地上
这需要有多么巨大的勇气和智慧啊
这是一次空前绝后的伟大壮举

海中巨兽静静浮动像连绵的岛屿
忽然摆动尾鳍先后浮出了海面

一只只腾空跃起又重重落下
激起高高的浪花一直打湿了云端
八爪的巨怪张开了桅杆一样长长的触手
搂抱起漂浮在海面上的一大块浮冰
浮冰上的北极熊毫不示弱，吼叫和撕咬
重创和击退了海底来的凶魔

时常会看见岸边上有一小群雪人
远远地站立在皑皑的冰原之上
浑身上下，尺长的白毛迎风飘扬
惊异地打量着连绵不断的远行船队
一名雪人疾步追上了逃跑的海象
只一击便打翻了庞大无比的巨兽
倒执着两根巨大象牙便背在了肩上
健步如飞一溜烟地回到了族群中间

岸边的山崖上积雪皑皑
雪崩的壮景一幕幕出现在眼前
起先仿佛是一缕轻烟升起在山顶上
雪片直线流淌静静地滑下陡峭山崖
突然间汇聚成大面积的雪层快速下落
好像是山神卸下了身上的一件白袍
层层叠叠的雪板凌空飞泻而下
摧毁了山腰间的一片片树林

雪崩如一条白色巨龙腾云驾雾
顺着山势一蹴而就呼啸而下
粉末状雪云高高地升上了天空啊
高空中的候鸟群惊恐地避开了危险

雪崩推起了一阵阵巨大的气浪
把地面上的岩石碎屑席卷上天空
随后叮叮咚咚地下了一阵"石雨"
在海面上溅起了一片密麻麻水花

仲夏夜，灿烂光束会从海底的深处升起
碧澄晶莹，映亮了大片大片湛蓝海域
偶尔，一只巨大飞轮破开海水凌空升起
通体光亮，悬在空中一圈一圈地转动
那是来自于外星文明的使者吗
在观察和研究夜航的远征船队
飞轮瞬间加速便高高地升入了外太空
化作了斑斓群星中的一颗晶亮的星星

清晨或晚上，海市蜃楼会突然出现
引起了船队上经久不息的欢呼声
……巍峨宫殿，巨大石柱一根根排列
繁华街道上人们走来走去互相招呼
巨大神像俯瞰着茂盛而灿烂的花园
竞技马车在赛道上激烈地角逐……
那就是来自于有截之地的美好情景么
让船队上的人们久久移不开眼睛

辽阔大海平坦蔚蓝一望无际
容许目光自由自在地直射出去
百米千米……也许是十里百里
来自陆地的人们恣肆放纵自己的视力
接纳了每一个追求自由和理想的灵魂
包容下冒险者所有疯狂的念头

上船时也许还是一名困顿的迷路人
下船后则成为了思接千载的大智者

有多少放不下的顾虑和担心啊
在一次长途旅行中如同坚冰徐徐融化了
心情原本是一块皱巴巴的绸布啊
在大海上一次次被熨得十分平整
目睹无数次旭日东升和夕阳西沉
参透波光粼粼的一页页神秘经文
一次大迁徙真的是那么重要吗
脱胎换骨，见证了灵与肉再生的奇迹

数月来，环境发生了天翻地覆的激烈变化
每一个角色逐渐寻觅到了新的位置
犹如是收获季节的忙碌时刻里
采摘下的蔬果高高地堆出了筐外
经过运输颠簸和彼此的调整
南瓜互相靠紧，核桃填满了空隙
环境渐渐变得优越和宽松起来了
每一只筐又显得是绰绰有余

捕鱼活动一再地补充了大批食物
趣味地消遣了一路上的无聊时光
拖网起锚，沉重的俘获拉进了船舱
激起了一片欢呼声和愉悦的大声赞美
永不知道下一刻自己的运气是什么啊
水下的收获一再地超出了人们最疯狂的想象
长长带鱼，笨拙海龟，或者是肥硕的金枪鱼
骑士般的剑鱼挺着一根傲慢无礼的长矛

一群群飞鱼高高地掠过了桅杆
长长胸鳍像翅膀一样舒展开来
在海面上空努力振"翅"飞翔
比最强的弓射出的箭翎飞得更加遥远
海鸟像一片片白色云彩汇聚在船队周围
大声鸣叫，时而收拢翅膀往下俯冲
从渔网的空隙中间掠走一尾尾小鱼
又返回天空中继续盘旋和跃升

一群群巨大的鲸鱼浮出了海面
像是一座座小岛形成了漫长岛链
又同时潜下水去消失不见了
留给人们无穷无尽的遐想和悬念
骤然，一只座头鲸从船舷旁边跃出了海面
腾起翻身，沉重喷气，重重地压出水花
鲸须，寄生的藤壶，缠绕的海草
无比清晰地展现在旅人们的眼前

日复一日，船队沿着海岸线持续南下
辽阔的新大陆在船舷左面蜿蜒舒展
山峦，草原，森林，河流和沙漠
无休无止延伸到地平线的尽头
成群的野牛停止吃草抬起头来
好奇地张望着海面上不同寻常的动静
迁徙的角马和野马像洪水一般汹涌
吃饱的狮群懒懒躺在小丘上睡觉

一大片浩瀚"彩云"从远方缓缓飘来

越过了远征船队直接前往南方
一些"彩云"碎片落下来挂满了桅杆和船帆
原来是一群异常漂亮的帝王蝴蝶
蝶群借助上升的热气团进入了 600 尺高空
追随着气流滑翔向南部大陆飞去
几千万只翼展 10 厘米的大型蝴蝶啊
宛如空中的一条彩河焕发出灿烂光芒

有多少闻所未闻的新鲜事物啊
逐一展开在远征军船队的面前
一再刷新了大陆客的眼界和观念
更改了黄土思维的亘古定势
过去的一切多么珍贵又是多么遥远啊
眼前的一切如此陌生然而生机盎然啊
造物主关上了一扇陈旧的窗户
转身又为远行的勇士们打开一扇大门

日复一日，船队沿着海岸线持续南下
月亏又月盈，壮士们开始物色登陆的地点
起初是避开了连绵积雪的苦寒地带
后来又躲开了广大沙漠和戈壁滩
老船长久久地研判着珍贵海图
耽留在船首上远远比对着地形和地貌
二十多万人马的性命寄于他一身
容不得有一丝一毫的闪失

终于，老船长笑了，船队临近一个阔大河口
将军送走了人方，虎方和林方的诸侯
目送着一组组庞大的船队缓缓驶入了内河

越行越远，融入了草原，森林和起伏不断的山峰
这里将是远征军第一处新家乡啊
土地肥沃，食物丰盛，气候十分宜人
大群驼鹿和白大角羊好奇地排列在岸边
嘴里不断咀嚼着好奇、疑惑和思索

几天后，来到了另一条大河的出海口
将军带领攸国的子民们徐徐驶入了内河
留下了涕竹笋、涕竹舟的船队继续南下
去寻找他们理想中的殖民乐园
一群欢乐的海豚始终游绕在他们的船前
引领着船队前行和寻觅的方向
冥冥中莫不是传达神的宏大旨意
——远方有一块土地是理想的归宿

大河激荡，几天后风平浪静下来
将军下令停船，登岸亲吻黑黝黝的泥土
浩大的船队绵延数十里疏散开来
近十万人沿河占有了富饶的土地
巨大海船一艘艘将被拖上岸拆卸开来
木板和涕竹改装成居住的房屋
傍晚，全体远征军遥望东方手扪胸前
滚雷似的声音传遍了营地："殷地安……"

3

三十年后，秋天撩开了迷人的面纱
晶莹露珠在河边的石板上轻巧滚动
帐篷和半圆石屋星星点点布满了山丘
溪流蜿蜒穿过了丰收的玉米田

将军步出了石质的王家宫殿
须发苍白，仿佛是一头衰老的雄狮
眉下两道坚毅的目光依然如旧啊
像宝剑利刃射出了冰冷的光辉

眼前是一爿开阔巨大的仪式性广场
连接着一条宽敞无比的迎神大道
可容下二十辆殷商的战车并肩驰骋
一口气跑上抽一袋烟的距离
道旁，又一座巨大的金字塔新近落成了
在朝阳灿烂的光辉中投射巍峨身影
由近及远，一组宏伟的金字塔式台庙排开
仿佛是神的殿堂延伸到了人间

石灰岩板建成的大庙基座上
装饰着无比精美的龙首雕刻啊
石匠们停下手中的石锤和铜凿
纷纷起身向将军恭敬颔首致意
这些多是大迁徙时的少年娃啊
在异乡风雨中长成了顶天立地的汉子
眼前闪过了"迁二代"一张张稚气的面孔
殷商的后代获得了得天独厚的生存空间

将军登上太庙一层层高大的台阶
巫者摆好了豆形祭祀器和三足器
器物上装饰着美丽的菱形纹和鱼纹
还有大量鸟纹、绳纹和饕餮纹
殿堂中央赫然陈列着一块块玉板
雕刻着古朴而神秘的甲骨文字

从成汤到帝辛，每一位殷商的君主
受到了后人极为恭敬的尊崇

将军焚香，微闭双目，双手举过眉心
长时间默诵秘密的祈祷词和祝语
渐渐地一股强烈的自信力量从体内升起
冲散了犹豫和彷徨不定的情绪
冥冥中又听见了诸位先人的叮嘱
重温了重大的治国方略和安邦要义
万里之外，源自中原的精神和思想
缕缕不绝地输入了后人们的魂魄

返回宫殿，仪仗队隆重地鸣号击鼓
欢迎尊贵的玛雅王一行前来访问
王披斗篷，冷峻和威严，微微领首示意
绿玉的雕饰在肩胛旁清脆响动
将军和王独自商谈了很久的时间
夕阳西斜，晚霞染红了天边的云朵
偶尔翻译人员会出来倒水和递烟
面无表情看不出会谈是什么内容

玛雅王告辞了，大批随从簇拥在四周
马匹高抬起前蹄，向着星空嘶鸣
王解下腰间的绿玉佩剑，用护身符包裹
双手举过头顶，珍重献给了将军
作为回礼，大批铜锛和铜剑装载上了马队
还有大包大包粮食和蔬菜的种子
马队渐渐消失在浅蓝色夜幕后面了
将军久久沉浸在深思和回忆中

那一晚，一盘飞轮从星空遽然落下
一圈圈旋转，波射出神秘的光影
低低悬停在宫殿的上空
冥冥中传递出不可测的信息
将军在睡梦中听见唤自己的名字
步出门外，凝视来自外太空的使者
灯光忽强忽弱仿佛是高深的编码
超过了人类可以破译的能力

一注亮光如同是电梯徐徐下降
亮光消失，现出了外星人高大的身影
眼眶大而深邃，目光如炬
衣裤贴身却没有一丝一缕的缝隙
神站立在将军面前约一丈之远
全身笼罩在一束淡淡的光环里
静静地望着他，选择他为谈话对象
磁性的声音从上方像花瓣纷纷飘落

——金字塔的能量发生了一些变化
能量场需要重建一组新的金字塔
位置和高度确定是全新的概念
为地球编制一组新颖的信息程序……
——地球人的危险始终没有解除
一场大疫会毁掉几千年来的建设和努力
健康的水、饮食和起居生活习惯
始终放在生活最关注的重要位置

——外星文明不会来干预地球

征服和杀戮是一种遗憾的行为
地球文明一次次接近自己的生死周期
兴旺和衰亡像眨眼一样更替
——"远即近"，超距旅行是一种大智慧
不易为人类认知、理解和掌握
那些重大的星外力量的角逐
在改变，在发生，在重组和更新

……将军静静伫立，目送飞船迅速离去
每年此时，他与神的对话一再继续
大大扩充了他的视野和精神空间
给予他充沛的力量和进取的雄心
明年神还会来吗？他不知道
如果他逝去了，这秘密永远沉没在历史深处
线索一根根断了，神消失在遥远的天际
一声叹息从心底暗暗地升起

清晨，将军登上祭台，遥望东方深邃的天空
默念起祖辈一个个如雷贯耳的名字
玛雅王的绿玉佩剑安放在祭台上
置于一组庞大的青铜祭器之间
一筐筐新鲜的带穗玉米抬了进来
祭台上弥漫着清新的田园气味
今年玉米丰收，种植面积又成倍增加
妇女和儿童也投入了建设新仓廪的劳动

猎队源源不断运来了战利品
数百万只野牛和羚羊出现在他们面前
膘肥体壮，不断喷出气息，无忧无虑

漫山遍野行进在迁徙的道路上
那些幸运的猎人根本不需要辛苦
只要留意修复一下几座巧妙的陷阱
策马追赶一下，猎物便纷纷"入瓮"
放走牝幼，天天是满载而归

大巫师手持星盘远远端立在高台上
面无表情，眼神却透露出一丝欣喜
他观察了日、月、星辰运动的位置
又研究过鱼产卵、鸟孵蛋、兽育仔和作物种籽发芽
他烧裂龟甲，判断出下一年定义为"高"
揭示了渔猎、牧畜、农作和军事的预言
将军双手合十，领受了来自于神的启示
在有望之年，族人不会遇见战争和自然浩劫

将军随后视察了几座冶坊
烈火熊熊，工人们满面汗渍和灰尘
运送大批矿石，木柴和辅料
鼓风装置卖力地补充新鲜空气
青铜溶液源源不断流出来
铸成剑、斧、箭簇和犁钯锄镰
锻打声震耳欲聋一直响个不停
工头在火炉旁仔细验看成品的火色

一件新铸成的青铜人像搁置在一旁
压在祭器半成品下，偶然引起了将军的注意
他好奇地翻出人像，擦净泥土和灰尘
发现酷肖是自己的神态和形象
翻过来，背后分明铸有他的名字

"攸侯喜"，职位是殷商的三十二代国王
他半蹲，把人像轻轻地放下，直起腰来
抬眼远望，目空万物，仿佛是压满沉重的心思

回到宫殿，他安排好手边所有的事务
几十匹快马载着使者火速驰向四面八方
前往虎方，林方，人方，还有涕竹笋和涕竹舟
方圆几千里散居着殷商王朝的子孙
彼此联系，相互扶持和支援，团结如一家人
伴随着一座座新建的金字塔高耸在天边
生存的新秩序像森林一样茁壮成长
他也该去完成自己久埋心底的夙愿

当晚，将军久久守候在宫门的阶前
仰望那缀满繁星的秋夜天空
面目平静，双瞳秋水，霜发披肩
身穿一件殷商贵族的麻布大袍
胸前悬挂着一串锐利的飞龙牙齿
那是帝辛大帝亲手赠送给他的护身符
他跪下低头祈祷，用了很久的时间
为了他的祖先，他的族人和他的心愿

入夜，飞轮再次降临，光柱下沉
外星的神静静出现在人类面前
将军迈步走进光环，与神并肩站立
光柱上升，飞轮加速离开了地球
族长，家属，亲友还有大批战士与工匠
目睹飞轮升上云端，跻身于斑斓星空中间
亮灿灿地吐露着奇异光彩和晶莹光环

化成了东南宇宙最辉煌的一颗大星

初稿完成于 2020 年 7 月 23 日星期四
二稿完成于 2023 年 1 月 11 日星期三
南京河西龙江

天京之围

1、1853，南京失守

十九世纪中叶，在三千公里远的广西
地心火焰翻卷，幻化出一面面起义的旗帜。
民变泛滥，矿工和农民挥舞起长矛砍刀
斩翻了清政府衙门至高无上的威仪。
围攻长沙三个月，血战连连，旋即飘忽北去
陷落武昌，"城墙崩二十余丈"，满城泣啼。
那几年，南中国战火纷飞，炮声不绝
征战的武装流民趟出了一路深深血迹。

五千艘船只遮天蔽日，沿江铺开
胁裹武汉民众，直扑富饶的长江中下游地区。
过九江，趋安庆，异乡人一拥而下
瞳孔中充满了占有渴望和贪欲。
1853年的南京，从二月寒风中醒来，眼前已无路可逃
城外的郊野上，一望无际围满了饥渴的将士。
数不尽的帐篷、辎重和兵器搬下了船
密麻麻覆盖住江南黑油油的土地。

长发飘扬，红帕裹头，旗帜凛冽呼唤着北风
兵器碰撞，马匹嘶鸣，加深了郊外冰冷的寒意。
一哨哨飞骑疾驰，投送惊心动魄的加急命令
两广方言如一阵阵冰雹摧毁了六朝古都的矜持。
锻剑砧上，沉重地打造出可怕的锋利
磨刀石前，昼夜响彻了索命的隐语。

五十万武装流民杀红了眼睛，一股脑儿涌来城下
"专意金陵"，尖锐刀锋指向这座伟大的城池。

那些火焰一般在阳光下燃烧的红色头巾啊
那些便于短兵相接的窄袖短装打扮啊。
那些十来岁"皆不畏死"的童子兵啊
那些"大脚高髻"的两广客家女战士啊。
那些"帆幔蔽空，衔尾数十里"的东征船队啊
那些"横广十余里；直望无际，皆红头人也"。
那些随风翻卷号召居民入拜上帝会的宣传单啊
那些连夜抢造的攻城战垒和云梯啊。

布满血丝的眼睛，虎视眈眈逼视南京城
一股股寒流，恣肆翻卷高空中的黄龙旗。
一望无际的高大城墙在云端若隐若现
城牒后聚集起数万名誓死守城的满族将士。
这是一座神奇、富庶、美丽的古都啊
东方世界最伟大的古文明城市。
女人们漂亮得像飞天的天使
金银珠宝装满了仓库、房间和密室。

一伙流民在前襟上擦了擦肮脏的手掌
把这座城池看成是他们明天的人质。
向磨快的刀刃上狠狠地吐了口口水
吃力地搬动沉甸甸炮弹和成捆箭矢。
帐篷是他们的家，同伙就是他们的亲人
全部财产紧紧地缝进了一根根后腰带上。
在金田"团营"时就"焚房舍，绝人望"了
从此没有退路，誓与这世界血拼到底。

郊外，数不清的房屋和畜栏被拆除了
柱檩和门板运往前线去制造工事。
旧砖被敲碎磨细再和上烟灰或草木灰
置入一口口大缸中反复淘洗。
泥水被倒进无数口特制的大锅中间
架起了篝火日夜搅拌和熬制。
一袋袋硝就这样炼成了，随后制成火药
填实了一尊尊攻城铁炮的饕餮胃口。

3月8日，巨炮轰鸣，扬起连天的烟尘
惊醒了在虚脱中假寐的这片土地。
西善桥失陷，仪风门被围，下关在坠落中挣扎
炽烈炮火一夜夜映红了西北的天际。
立垒24座，高与城墙齐平，发起猛烈冲锋
一队队抬枪喷吐出致命的火力。
守城的清军密麻麻地扑向了箭楼
眼前，数百架云梯推送来残酷的死亡之旅。

郊外，罡风翻卷，黄旗遍野，杀声震天
凶险、惨淡和凄凉，烘托出一片肃杀的气势。
擂鼓通通，锣声凄厉，螺号森严
一声声催命音符绞碎了战士的心思。
进攻者吼声咻咻，一排排长矛迅速向前移动
要粉碎敢于挡住去路的任何阻力。
弩和箭，如蝗虫潮在头顶上飞来飞去
这里或那里，战士咣咣地倒地死去。

一条条褴褛的身影，眼露出惨白凶光

紧盯住防线中的每一个破绽。
箭矢和弹丸，雨点般地落在身边
血流额头，也决不会皱一下眉。
一支支突击队相继窜上城牒的缺口
似一簇簇山火，猛地燎遍了广大荒原。
劈砍声，厮打声，喘息声此起彼伏
死亡阴影笼罩着心事沉重的大地。

未见过面的两条汉子窄路相逢
仿佛是生死冤家苦苦寻找了一生一世。
两把沾血的钢刀挑刺，抵挡和横劈
像毒蛇吐信寻找着一切机会出击。
腿挂彩了，手臂上伤痕累累，额头大汗淋漓
藤编盾牌被砍出各种古怪的缺口。
急促气息，响应着更加急促的心跳
苦苦对峙，等待着一次疏忽或者大意。

守城旗人是东北籍的大汉
魁梧身材焕发出一股刁蛮气力。
生命进入了倒计时的日子了
来吧，杀一个够本，多余的全是利息。
攻城的南方老表瘦小但是灵活
腾挪跳跃，一次次躲过了致命袭击。
亡命之徒习惯了在刀尖上行走
死上一次，本来就没有什么了不起。

紧盯住对方的兵器，调整身架和脚步啊
狂跳的心像一架超负荷的机器。
瞄准机会就不顾一切扑上前去

一连串无情劈砍几乎耗尽了全部气力。
鲜血喷泉飞溅起来了，恣肆喷洒
敌人或者自己，踉跄着跪倒在地。
又一记沉重剁砍，彻底结束了战斗
一个轻松的灵魂从此挣脱了笨重躯体。

一杆杆撕裂的旗帜，挥掩着浓浓杀气
在四周招摇不停，激活了攻城者的亡命意识。
云梯被掀翻了，指抓城砖，拼命往上攀爬
长矛捅来，用牙齿死死咬紧了枪杆。
脊背上流淌着吱吱冒烟的松香和桐油
变形的面容无有一丝儿恐惧。
短而厚重的砍刀挥舞如风
杀人如麻，然后栽倒下一命呜呼。

指挥官嘶吼着，怒骂着，最后嗓哑失声
一连手刃几个敢于退却的兄弟。
队伍又狂乱地奔突向前，再向前
迫近了南方都市中这一座最大的牺牲。
刀锋像一望无际的麦浪飘摇
旗帜像滚滚袭来的暗黑色雾霾。
充血的眼睛分不清善恶
杀戮，惟有杀戮，用性命铺筑一条出路。

日在中天，战士眼前却是天黑如墨……
失血过多了，死神早已盯上了自己。
执斧的手腕发软，城门上留下道道白痕
狂笑着，一头撞碎了明城墙的基石。
伤者无数，却听不见一声哀号

倒卧在血泊中默默忍受剧痛的煎熬。
独臂战士飞掷出一杆杆刺天长矛
瘸腿汉子单脚跳跃着追歼顽敌。

一波波恣意冲击的大潮退下去了
城墙下横列着千百名死尸。
重伤者在挣扎，厉声怒骂，然后负剑自刎
无医无药，自己干脆来一个了断。
成群的乌鸦在战场上空久久盘旋
仿佛是死神挥舞一方黑色的丝巾。
四面八方的号角凄厉地吹响起来了
又一次更加惨烈的进攻在宣布开始……

城墙上，一员硬朗武将，戎装的身影
盔甲在夕阳的余晖中光彩熠熠。
江宁将军爱新觉罗·祥厚手持一柄重剑
俯瞰着城外不断变化的凌厉攻势。
身后的随员或死或伤，但无一声呻吟
久经沙场的面庞显出了果敢和坚毅。
从一品大员不经意地闪躲一下身板
让过了一束束冲他袭来的飞矢流镝。

观察许久，祥厚的脸色更加凝重
率领部下向炮火密集处匆匆赶去。
满洲镶红旗出身的这一条铁汉子
看清了今日南京是他永远的归宿地。
流箭"叮叮当当"落在甲衣上
一支长箭甚至刺破穿了左边的围裳。
他大步流星，结实的箭杆都被撞断了

一线将士没人会介意死亡的威胁。

几天前，祥厚上疏给北京的朝廷
痛陈南京城面临的危险局势。
——两江总督和江苏巡抚"纷纷迁徙"
"旗兵志切同仇……以固省城根本，维持南北大局。"
朝廷震怒，下诏逮捕两江总督陆建瀛治罪
命令祥厚兼署两江总督的位置。
朝廷驿马"八百里加急"日夜飞驰
但战局紧迫，祥厚将军永远接不到这一道旨意。

一天白热化的攻守战结束了
阵地上的篝火展现出地狱天使的魅力
南京之夜，似一捧巫毒的花束无力地醒来
四周闪烁着萤火虫群神秘的光点。
死尸从城头坠下，又悄悄立起身来走开
雾一般的精灵远远近近在寻觅。
南京，飘飘欲仙，这是你的灵魂在寻找寄托吗
城池造型又是多么古怪诡异啊。

一名异乡战士的梦境有什么不同吗？
生死界上，飞龙在夜空中嘶鸣远去。
五颜六色的雨花石在大地上流光溢彩
激活了贫困边民的寻宝意识。
梦呓里间杂着搏斗的嘶哑吼声
刀剑碰击也唤不醒一丝儿的反应。
白天是野兽，晚上才还原了人形
血从眼角流出又变成了清澈的泪滴。

南京的夜，静静吮舐着深深的伤口
血红的护城河水流动一声声叹息。
城砖上的文字犹如魔咒明灭
催眠无数间青砖黛瓦的民居。
寒风中南方战士裹紧了战袍
蓄积着新一轮攻城掠寨的精力。
重伤员在黑暗中流尽了最后一滴血
燃尽的篝火在忽明忽暗中灭熄。

探子在夜色掩护下蹑脚出城
真真假假的情报无序地改变了战局。
卖棉纱的挑夫在内衣上织出了城防图
贩茶叶的商贾倒运来洋船上的武器。
早起的炊事兵，一条条黑影闪烁不停
向篝火上的铁桶倒进了成袋的大米。
饭香便与第一抹晨曦一起到来
大地的痛苦又开始了新一轮周期。

十二天过去了，绞索越勒越紧
凶猛的攻势扼紧了南京的咽喉。
"土营"，南方流民的一支精粹工兵部队
掘出一条条地道，通向了明城墙的墙基。
守军在城墙下挖出壕沟引水灌入
严防太平军将城墙一下子挖穿。
地下置入一口口空瓮，盲人伏瓮中探听
循着地下的挖掘声派兵前去截击。

仪凤门下，长长的地道里烛火幽暗
一具具棺材在地道深处堆列整齐。

上万斤火药由棉絮包紧，装填在棺材中
死神露出了一丝狰狞的笑意。
一节节竹竿打通，将导火线牵引出外
紧闭洞门，地道口重新填满和压实。
引信被火把点燃了，敢死队员双眼血红
一重巨大的危险像蝮蛇丝丝地游向前去……

一声惊天动地的爆响升起在上空
数十丈城墙崩塌，暴露出南京仓皇的躯体。
上千骁勇的流民挥舞利刃一哄而上
劈开了一条长驱直入的血路……
一门门大炮猛烈轰鸣，城缺处弹片飞舞
攻城的统帅下令撕开城防的缺口。
于是，攻守双方一同在炮火中倒下
无休止地堕入那惨烈的炼狱。

城墙两端，抛下来无数滚木和碎瓦
一桶桶沸油像烈火瀑布倾泻大地。
每一寸土地在燃烧，砖石烧得通红
弹片和枪丸如同是一阵阵钢铁的雹雨。
攻城部队密集拥挤强行杀入了缺口
连战死者也无法跌倒下去。
咻咻的喘息，仿佛是来自前世的回音呀
干焦的喉咙渴望着鲜血的洗礼。

这是个异常狂热的场面啊
宝贵生命此时显得是一钱不值。
沉重滚木在人头上跳跃和沉浮
血污淋漓，把突起的人形擀成了饺皮。

疯狂的冲锋像火山凶猛地爆发
冲垮了一层层坚固的防御工事。
勇猛的将士绞杀在一起互不退让
最后的归宿谁也无法回避。

轰隆隆，又一声巨大爆炸接踵而至
把缺口前的占领者统统炸上了天际。
一股股腥红色的烟云冲天而起
半空中飞舞着无数残缺的身躯……
……可能是某一根延迟的引信啊
一度被南京潮湿的土地劫持……
自己的炸药，就这样盛情款待了自己的将士
城缺处变成了可怖的无人区。

惨烈的死伤惊呆了交战的双方
汹涌的攻城潮出现了长久的停滞。
大批主力部队隔着缺口远远对峙
心中涌出了一种莫名的恐惧。
这莫非是来自于南京的诅咒吧？
这或许阐明了神明的旨意……
杀人如麻的战士垂下了血淋淋钢刀
只留下死神在检阅一幕幕罕见的惨剧。

3月19号，一个命中注定的日子
母亲南京，迎来了自己的受难日。
在南面的三山门，局势陡转，防守的链条脆断
一支骁勇的攻城队伍成功越过了城池。
城门被打开了，愤怒的战士们狂啸着冲入
大街上挤满了殊死搏斗的勇士。

刀刃砍弯了，就扑上去牙咬，头撞
长矛飞掷出去，洞穿了盔甲下的躯体。

一乘四人绿呢小舆飞速回逃
载回了在仪凤门督战的陆建瀛。
八旗驻防的内城紧闭着高大的城门
江宁将军祥厚下令：不准两江总督大人进入。
亡命的陆建瀛悻悻返回仪凤门督战
半路上遭遇一支数百人的太平军突击队。
"轿夫四散"，一名官员"将负而趋"未成
总督大人在一个叫做十庙的地方被当街斩首。

战局像一只巨大的坩埚骤然间烧化了
金属汁液明灿灿地渗入大地。
没办法去补救，也没有时间犹豫了
势不可挡的流民拥入了大半座城市。
大街上到处是追杀的人群
血流成河，占领者发出可怕的屠城威胁。
几千名绝望的满族将士垂死挣扎
在汹涌人潮的冲击下死死坚守住内城。

那位叫做祥厚的血淋淋的江宁将军
那位名为霍隆武的挂彩的副都统，
手提锋利长剑，一次次出生入死
阻挡在流民们冲击的必经之地。
这是一场寡不敌众的悲剧啊
连士兵的妻女也驱上了城陴。
纤纤细手吃力地举起了刀斧
胆小畏鼠的弱女们直面大规模屠城。

两天两夜没合眼了，生命之烛终于耗干
最后的防线像是漏洞百出的笆箕。
又一次雷霆万钧的强击如同铁砧横砸过来
所有的抵抗失去了本来的意义。
守城的精壮男子倒仆在血泊里
恢复了他们出生时的那种样子。
弯曲身体，屈肘抱肩，紧闭着眼睛
嘴唇微张，欲倾吐一生一世的哭泣。

祥厚将军浑身流血，"身被数十创"
蛮横地屹立在满城十字街的中央。
脚下倒横着一大片凶顽的流民
他连正眼也不看，仿佛是一钱不值。
将军的护颈和护耳被砍成了碎片
前后护心镜也已是千创万孔。
他或已魂归满洲，躯体仍是一个符号
昭示着数万名八旗将士的骨气。

残存的数百名满籍妇女、老人和孩子
颤抖的手举起，脚下丢弃了守城兵器。
一群南方口音的娃娃兵战士涌来
征袍血迹斑斑，眼神流露出冷酷的寒意。
层层叠叠的长矛和刀锋举起
仿佛这只是一场残酷的游戏。
在娃娃兵的威逼和驱赶下
老弱妇孺艰难地走下了护城河。

再看一眼南京蔚蓝的天空

再吸一口江南甜美的空气。
水深及腰，水没头顶，数百性命消亡……
3万多满人全部倒在血泊里。
1853，南京的命运在此时作了一次交割
一座城市被隆重端上了神圣的祭台。
大队流民向市中心飞速渗透
一边是狂欢，另一边是更大的悲剧。

闯入民宅，十数人的长辫系在一起
"以长枪捣穿屋顶，全巷洞明，"
拔短刀劈箱，翻找金银财物缠在腰际
公然杀人，"剖取其肝……炒熟分食"。
逢男开膛，逢女轮奸，哀号遍野
一路尸骸，沟渠河荡，"河水皆赤"……
若勒索不遂，则缚人于树一起焚烧
临河百余大树一律是焦黑若漆。

统治者下令在天京实行男女别营，
"家业顿抛，"传统家庭的模式被拔根废除。
全城居民按照性别被生生地拆开了
以25人为单位，分别编入男馆或女馆。
父母弟兄，夫妻姊妹，眼看立刻离散
"遂于夜间或合室焚毁，或全家自缢，
烈焰日夜不绝，水面浮尸或仰或仆"
10万市民选择了聚在一起死去。

一个叫做"太平天国"的野蛮政权
用血与火宣布了自己无上的权力。
洪秀全，一位来自广西的私塾先生

蹚过血泊，傲慢地坐上了威严的龙椅。
在南京市中心，明朝的汉王府被征用了
日夜赶造富丽堂皇的天王府邸。
一个农民的王朝在这里崛起和膨胀
"天京"是这座古城最新的名字。

大报恩寺的鼓镲，从此杳无声息
七彩琉璃宝塔失去了往昔的瑰丽。
南京历史翻开了最黯淡的一页
换一个皇帝，百姓仍是不变的奴隶。
也许，只有涟漪不断的秦淮河水
谙熟中国历史"一波三折"的意义。
翻涌着，流淌着，时而咆哮激荡
去体验一程程河道的艰险和崎岖。

六朝的传统，几千年的斯文
在暴力革命面前化作了脑浆涂地。
占领者加官晋爵，夜夜灯红酒绿
暴政磨盘一圈圈压榨，古城流出肥腴汁水。
数十万亡灵成就了南京的一次转手
刀尖沾血，写下一页血腥的历史。
紫金山下，玄武湖畔，夫子庙前
无数冤死的魂魄一夜夜哭泣。

在中国，谁糟蹋得起更多的人命
谁就是王，就是一言九鼎的大帝。
哪怕是成千上万条人命的牺牲
哪怕是十座百座城市的毁弃，
哪怕是半个国家创口在破溃，在糜烂

哪怕是民族历史倒退和停滞……
黄土地啊，其实你本是鲜血染成
东海水啊，一代代国人的眼泪积蓄。

黄土地啊，其实你本是鲜血染成
东海水啊，一代代国人的眼泪积蓄。

2、一破江北江南大营

（1856 年 2 月至 6 月）

急促的马蹄声像一通通惊雷和霹雳
连续几天几夜，响彻了银装素裹的皖西山区。
冬末的冻地上雪花四溅，树林摇晃
由西向东，飙来了一支可怖的劲旅。
数万名太平军将士排出了几条长龙队伍
风尘仆仆，在雪地上舒展开伟岸的身躯。
纵横皖赣的西征军奉命回师了
向着天京，向烟与火燃烧的方向匆匆赶去。

官路和乡道上，一望无尽的畜车
运送辎重和大炮，满载着沉甸甸粮食。
天京将士饥寒交迫已经是一日一餐了
冰天雪地，连操练也无力进行到底。
几千名民夫推着吱吱呀呀的独轮车
运送露营的帐篷、被褥和冬衣。
望不见尽头的牛车载满棉花和布匹
那是温暖，是母亲熟悉的体温，是生命的支持。

一条大汉在队伍中众星拱月，虎视鹰扬
频频踢动马刺，透露出内心的不安和焦虑。
一份份快报飞送来呈给燕王秦日纲
催促他快速前进，加急，十万火急……
黄龙袍在大别山的罡风中猎猎舞动
展示出他不同寻常的地位和威仪。
天王一日数令，召呼西征军火速班师啊
去翦除两座清军大营巨蟒一般的觊觎。

清王朝调集了天下的资源和兵力
合力来围剿汉族流民大规模起义。
血与火在长江中下游昼夜滚动
攻陷和失守一次次改变了版图的色系。
两座清军大营矗立在江南和江北啊
像一对铁门闩扼紧了南京太平政权的呼吸。
梦魇般地，两种势力展开了大厮杀
大批军队和百姓淹倒在殷红血水里。

就在南京失守的第八天，仅仅八天啊
江南大营的帅旗在朝阳门外的孝陵卫升起。
湖北提督向荣接受了"钦差大臣"的加封
建营筑垒，凶蛮地抢占了进击南京的前沿阵地。
紧跟着，在二十天内，在江北的扬州
另一位封疆大吏琦善宣布江北大营建立。
"马步兵一万八千人"集中了八旗的精华
秣马厉兵，日夜喧嚣着凄厉的战鼙。

两军对垒，旗帜和兵器历历在目啊
对攻常在眨眼之间掀起了腥风血雨。
将士们神经紧张如同是雕弓始终引满
一夜夜枕刀而卧，清晨是闻鸡即起。
每一次交锋，都是一场你死我活的无情绞杀
损兵折将分不出输赢和高低。
武器禁运，粮道切断，联络也中止了
两座清军大营窒息了南京政权的呼吸。

三年来，犹如是象棋中的连环马布局呵

两座大营死死钳制住天京的咽喉要地。
三年后，西征战场上的太平军主力应召回师了
一团团浓密的战云覆盖苏皖大地。
秦日纲狠踢马腹，加速向前冲去
凶悍的矿工卫队紧随其后像是他黑压压的影子。
逢山开道，遇河搭桥，打垮了一切对手
一部战场绞肉机露出了吞噬一切的牙齿。

身后，两翼大军像扇面左右铺开
红色头巾如火烧云般铺天盖地。
一支劲旅由冬官正丞相陈玉成率领
一支军队由地官副丞相李秀成节制。
麾下个个是一以当百的虎狼斗士啊
半个中国在他们嗜血的刀剑前披靡。
枪管上映出了黎明前的一缕曙光
骏马迅疾穿越了一座座沉睡的村集。

1856 年 2 月，西征军回到了南京城下
大批粮食、药品和补养送进了城里。
仿佛是久旱龟裂的土地迎来了潺潺流水
生命萌芽在千钧一发的危险关头喘息。
城市在颤抖，多少压抑的哭声决堤似地喷发了
噩梦醒来才发现天边上一抹淡淡的晨曦。
老叟又拾起孙辈布满灰尘的读本
母亲苦涩的泪水酿成了香甜乳汁。

军帐外，大将军们雷霆万钧进进出出
领取军令后立刻率兵赶往预定的阵地。
秦日纲昼夜未眠在沙盘上反复演练

苦苦思索破除围城三年的军事僵局。
一部分西征军掠过东北的观音门外
山岚一般沿着栖霞山麓向清兵围困的镇江袭去。
另一军绕过神策门直趋紫金山东的仙鹤门
抗击南面的清军来掩护自己的侧翼。

一支清军精锐首当其冲霸气外露啊
扼守龙潭和下蜀磐石般牢固的阵地。
西拒南京，东屏镇江，像一道入云的关隘
彻底阻断了两城太平军的联系。
西征军连日接战，始终是不分胜负啊
战事胶着，攻坚骁勇竟然是一无进取。
秦日纲的眉头升起了一片片乌云
南京的催促一次比一次严厉。

远望见西征军来援的一队队旌旗
困守镇江的太平军将士信心大增呵
守将吴如孝多次领兵出城接应
都被凶狠的清军部队一次次杀退。
两广方言，贵州腔，湖北土音……
东北调，安徽话，江浙土语……
嘶喊声，谩骂声，又转为呻吟和哭泣
被死尸绊倒，或者绊倒成为了死尸。

一场场血战变成一次次巨大牺牲
抛下死伤，太平军退回到镇江驻地。
鼙鼓相闻，友军却始终不得会师啊
阵地上蔓延着绝望的情绪。
终于，一个漆黑的夜间，伸手不见五指

悍将陈玉成率队乘上了一条条舟楫。
数百名精兵强将组成了敢死队
顺流而下，悄无声息地向镇江漂去。

只闻哗哗水声，阎王爷露出诡异笑容
滔滔江流似一桌望不到头的临终酒席。
遇到清军关卡，发一声喊，刀枪齐举
刃迎着刃，盾顶着盾，力兑着力。
像一股流动岩浆点燃了前进路上的一切
"舍死直冲到镇江"，江水染成浓浓血迹。
硝烟弥漫，陈玉成进入了京口城门
两支友军将领的手紧紧握在了一起。

4月1日，秦日纲率大军由仓头东征
数万刀剑在晨曦中绽放出一片瑰丽。
清军的大批精锐部队严阵以待
残酷的对战一直厮杀到正午时分。
大炮轰鸣，墙垒倒塌，战士不断仆下
一条条烈火铺就的道路直通地狱。
转眼间，新的营垒在抢修中一道道建起
后备军补缺到位，喷射出致命的火力。

将士们杀红了眼纷纷拥向前方
倾尽全力争夺每一寸土地。
箭矢如同候鸟过境在头顶上飞来飞去
弹雨是死神的黑披风在呼啸中拂拭。
彪悍汉子倾尽全力互相砍杀
仿佛是上辈子冤家遇上了世仇怨敌。
这里或那里，壮士吭吭倒地死去

新仇旧恨永远也填不满天缝地隙。

突然，清军阵营后出了一阵骚乱
一支劲旅从天而降发起新的攻击。
满山遍野的红巾像是赤色山洪一拥而出
严重打乱了胶着的战局。
李秀成前一天率领三千名太平军
抄小路迂回到下蜀清军的后翼。
出其不意地发起了一轮凶猛的攻击
像一把锐利巨斧劈进了动乱的阵地。

清军腹背受敌，收缩围成了方阵
凶悍地死守住残破的阵地。
一波波冲击换来了人仰马翻
一列列战士在飞矢下倒毙。
投枪啊，总是在近距离骤然间飞起
把敌手钉死在一个殊死拼搏的姿势。
利斧，从下而上片出一道优美的弧形
一分为二送终了盔甲护身的将士。

下午，镇江的红巾守军策马赶到了
迎风飘拂着陈玉成和吴如孝的帅旗。
明晃晃刀剑折射着刺目灼热的日光
大地在马蹄下发出擂鼓般的声息。
又一支有生力量横冲直撞扑上来
战场上迎来了新一轮凶猛打击。
清军的铁砧阵地在重击下土崩瓦解了
两支太平军在硝烟战场上胜利会师。

南京到镇江的大道终于打通了
四乡八野，血迹斑斑的红巾战士一路奋疾。
盔甲破碎，缀满惊心动魄的险恶
征袍褴褛，飘逝不堪回首的记忆。
壮汉走着走着倒下了，再也唤不醒来
谁也不在乎，也没人知道他的名字。
成群牛马紧急调往春耕的天京
向前方又输送大批辎重和武器。

四乡八野的农夫被迫丢下了农活
征集在路旁的山包上抢筑工事。
巨石破片，垒高了森严的堡垒
房屋柱檩，交错成阻马的荆棘。
惦念着麦田里疯长的藤蔓和野草
乡曲民谣一声声是哥求妹想的情思。
眼中有说不出的惆怅和迷茫
心里是深深的仇恨和恐惧。

挟着初战大捷的冲天豪气啊
数万太平军锻铸成无敌的屠杀机器。
次日，连破一十六座盘根错节的清军营垒
贯通了宁镇大道，庞大队伍长入直驱。
太平军主力浩浩荡荡开进了镇江市区
在金山和金鸡岭一带驻扎下阵地。
直面江苏巡抚吉尔杭阿的满清大本营
摆开了决一死战的架势。

当晚，月黑风高，在夜幕掩护下
大批太平军乘舟渡至江北的瓜州。

战争的乌云迅速向北方漫延
吉尔杭阿派人飞报这一重要消息。
清军江北大营受到了严重威胁啊
江宁将军托明阿却没有足够注意。
战机瞬息万变，强弱旦夕变化，
局势开始对流动的太平军主力有利。

4 月 3 日拂晓，秦日纲令下如山倒
土桥的清军阵垒受到了猛烈攻击。
枪响箭飞，杀声震天，浓烟滚滚
红色头巾的波浪迅猛地向前推移。
绵亘四十余里的土墙被攻破了
仪征新城至运河边的防御长墙终于沦弃。
太平军踏平了二十余座炮台和营盘
显示出压倒对手的实力和锐气。

4 日，太平军主力逼近了扬州三汉河
嗜血巨兽到处在寻找可怜的牺牲。
决战号角向四面八方吹响
天昏地暗，日月尽被冲锋的队旗遮蔽。
铁骑滚滚连破军营一百二十余座
万余清军溃败，炮械旗帐尽弃。
江宁将军托明阿带领数十骑退向了邵伯镇
身后留下了一座千年名城无助无依。

5 日，太平军浩荡开进了扬州城
斩落了城头上江北大营的黄龙旗。
建造三年的营防化成了冲天大火
天京的一枚"眼中钉"被连根拔去。

大批缴获的粮食和辎重运向镇江和瓜州
缓解了数万名将士的后勤危机。
当地的庄稼汉一批批被挟裹进队伍
或挑担，或抬伤员，或扛起了武器。

一骑驰来，探子滚身下马，气喘吁吁
报来了仓头再次失守的凶险讯息。
清军援军生生切断了镇江回南京的退路
重振旗鼓等待着与红巾军决一雄雌。
秦日刚紧蹙眉头下令大军原地休整
一周后，前师变后师，由江北择道班师。
14 日，太平军主力由扬州向西进发
两天后，前锋攻占了一处浦口阵地。

南京栖霞石埠桥江面上波涛滚滚
当天，一支凶悍的清军队伍登陆上北岸。
枭将张国梁总兵率领二千四百名兵勇
麾下多是身经百战的粤军将士。
22 日攻陷浦口，27 日又占江浦
完全阻断了太平军南渡的谋计。
一条大江横亘在秦日纲的面前
波深浪疾映出了他内心的焦虑。

28 日，秦日纲由北岸班师扬州
大军一口气休整了二十余日。
5 月 27 日由瓜州渡江回到了金山
两天后收复黄泥洲一带的失地。
数万太平军主力猛攻高资的清营
烟墩山下炮声震天，狼烟四起。

大军压境，知府刘存厚挺身而出
率领 1600 名清军展开顽强防御。

江苏巡抚吉尔杭阿带兵来援
"吾宁以死报国耳，"驰入烟墩山阵地。
鏖战五昼夜，亲执旗挥舞指挥
"枪炮日夕相持"，战场赛过了人间地狱。
6 月 1 日，"猝中炮"，吉尔杭阿阵亡
刘存厚大恸，力战护尸突围，马陷泥淖。
陷入埋伏，"被戕，"数千清军全部战死
烟墩山的岩石染入了斑驳血迹。

3 日，太平军回师镇江九华山大营
三十余座清军营盘先后土崩瓦解。
6 日夜，太平军由地道攻入京岘山清军西营
紧接着向东营发起了激烈攻击。
防守龙潭的清军主力星夜来援镇江
为首的是江宁将军福兴和总兵张国梁。
马步兵三千人一路疾驰气势汹汹
似一把利刃直插镇江战场的命门。

轻松避开了强敌的致命一击
13 日，秦日纲率数万大军掉头西去。
一路释放黄绿色的有毒烟雾
黑砒石、黄漆叶和人粪炼成了毒剂。
追兵被熏得头晕眼花，"须臾咫尺不辨"
追击太平军失去了有价值信息。
秦日纲挟带着横扫江北大营的巨大声威
返回了南京东北的观音门和燕子矶。

东王杨秀清严令大军不准入城
南京的一十三座城门日夜紧闭。
一道道军令传出，命秦日纲乘胜追击
一举端掉江南大营盘根错节的基地。
陈玉成和李秀成进城申述从缓的请求
——师劳军疲，亟需要休整和喘息。
"不奉令者斩！"天意竟然是如此决绝
不敢再求，将士们立即准备接敌。

17 日，秦日纲主力移师仙鹤门
进入了攻击江南大营的主要阵地。
对垒着向荣三年来精心构筑的营盘
刀尖出鞘，透露出惊心动魄的寒意。
七八千太平军自神策门、太平门出城
数千名南京太平军越过了龙脖子。
布防在大小水关及冯家边一带
与仙鹤门战场形成了呼应之势。

向荣派总兵王浚统带二千人
马步兵联防前往仙鹤门防御。
18 日，"双方接战，未分胜负"
试探性地摸清了对方的实力。
另一队太平军三四千人自龙脖子冲出
摇旗呐喊，牵制和吸引清军注意力。
重兵压境令江南大营处处被动啊
向荣严令王浚等"加意固守待援"。

面对太平军多路分兵合围呵

向荣频繁调动手下的精锐兵力。
江长贵部千四百人由句容南截"内犯之路"
明安泰部"星夜拔队，由湖熟赶往援剿"。
担心南方的增援不够有力啊
又抽调大营亲军千名、义勇五百名"先往助仗"。
亲令张国梁选带上扈从的精兵，
"驰往统领督剿"，"迅图克复"。

复令张国梁率兵千余由溧水星夜赶回大营，
又从丹阳、秣陵关调兵一千三百人回援。
密令都司冯子材领广勇五百名
"多带火弹，黉夜潜赴黄马群"。
处处爆炸，焚烧太平军新筑各垒，
"与仙鹤门之营通气"，减轻防卫的压力。
东援镇江，南防广德、溧水和宁国……
钢铁般的江南大营防线渐渐露出了空隙。

分兵四布，战线被迫拉得太长
嗜战的向荣一时感受到了空前压力。
同日，石达开大军北支队拍马赶到
在仙鹤门、尧化门一带筑垒数十处。
前锋抵达了紫金山东面的黄马群
切断了江南大营赴仙鹤门的必由之路。
一场惊心动魄的生死大战啊
即将如山崩海啸酿成惊天惨剧。

19 日拂晓，四五千太平军排列阵型
泰山压顶从正面直扑仙鹤门敌营。
又出动数千人分七八队包抄

强力冲击清军临近的阵地。
王浚总兵率领清军喋血鏖战
伤亡惨重却不敢有半步后移。
炮火连天从清晨响到黄昏
血染黄土腥味儿弥漫在天际。

二三千太平军排立在龙脖子山脚
伺机发起新一轮游击。
向荣抽兵六百从大营前往应对
军情瞬息万变，他竭力全面控制。
当天，张国梁率兵一千二百人赶至大营
马疲人惫，却不敢有丝毫休息。
连夜在青马群一带筑起长垒
阻止太平军迫在眉睫的凶猛攻击。

20 日晨，各路太平军发起了总攻
号角凄厉，吹断多少人对生命的翘企。
沉甸甸盔甲覆盖住全身上下
腹带和绑腿一再收紧，把一线生机维系。
激烈奔跑，紧紧追随方阵旗帜
四处都是死亡，方阵才是一方掩庇。
面对魔兽、虎狼、魍魉魑魅
背后是战友，是乡亲，是换贴兄弟。

仙鹤门方向的太平军多路杀出
像一支支龙卷风向敌军大营袭去。
另一路太平军二三千人翻过紫金山
像一把利刃从后路直插清军营地。
又一支太平军四五千人由灵谷寺下山

攻破满洲马队营盘纵火，狼烟四起。
天京数千兵出通济门直扑七桥瓮
向荣亲率千二百名将士前往阻击。

这是一个流血漂杵的日子啊
死神镰刀的收割根本不分彼此。
群炮轰鸣，一处处营垒炸飞垮塌
枪口一道道火光记录下生命终止。
不要俘虏，只要直取对方性命
眼睛宁可流血，也不可流下泪滴。
一排排将士血淋淋地倒下了
生死没有差别也没什么意义。

洪武门、朝阳门的太平军分路出击
一连攻下二十余座清军营地。
大军压顶，一举攻破孝陵卫大营
放眼望去尽是红巾军移动的旗帜。
一簇簇残军仍然组成方阵困兽犹斗
没有意义了，红巾军呼啸掠过爱答不理。
从阵地到身体再到心理被彻底打垮了
疲惫不堪的汉子丢下刀剑蒙面哭泣。

三年的心腹大患，一朝彻底摧毁了
赫赫江南大营只剩下烧毁半边的旗帜。
清军大溃，数百座营寨被强力荡平
"死伤副将以下千余人"，无数失踪或匿迹。
向荣及张国梁连夜败走淳化镇
召集旧部组建成新的战斗建制。
21 日又经句容退向丹阳一带

飞马向北京上疏禀告军事形势。

大批太平军将士夹道欢呼呵，
秦日纲策马驰过烟熏火燎的阵地。
他挥挥手，头也不回地急驰入城
去出席天王期待已久的庆功典礼。
所有城门大开，军民自由出入
紧张的封锁气氛像浓雾在阳光下散去。
大批牛车运送粮食和蔬菜进入南京
困难局势大大得到了调剂。

身披晚霞，秦日纲一行渐行渐远了，
繁复蹄声消失在仲夏黄昏的余晖里。
70 天后，他卷入了一场巨大的内讧
参与了诛杀几万太平军兄弟的悲剧。
血迹未干，天王为了平息鼎沸的众怒
抛出他来做为替罪的卒子。
一代枭雄，叱咤风云的杰出燕王
大破两营后只活了百余天日子。

3、二破江北江南大营

（1858 年 10 月和 1860 年 2 至 5 月）

1858 年的春天啊，漫延一阵阵寒意
一条条无形的铁链锁紧了南京政权的脖子。
一江之隔是望不断猎猎飘摇的黄龙旗啊
马嘶人吼，操练螺号透露出一声声凄厉。
清军移驻到长江对岸的浦口和江浦
新组建的江北大营步步紧逼。
直接挑战南京政权敏感的神经
以刀尖对刀尖，以霹雳压霹雳。

长江上，清军水师的巡船往来游弋
随时策应发生接仗的前沿阵地。
不让一粒粮食运送进南京城墙
城区里四处蔓延饥馑和恐惧。
统帅德兴阿拥兵一万五千余人
东西布防阵地绵延二百余里。
从陡冈、安定桥、小店直到瓜洲和来安
生生切断了南京的北粮道和外部联系。

而南方，清军江南大营卷土重来
高杆上猎猎招展着统帅和春的大旗。
兵列板桥、龙脖子，迫近秣陵关……
一番进逼像刽子手轻轻拂拭受难者的脖子。
一百三十余座大小营盘星罗棋布
压制南京城军事防御的重要穴位。
七万兵勇压抑着嗜血的渴望
晨昏操练着残酷的攻防演习。

在外围的沧波门和高桥门间
江南大营重建一座立体化防御体系。
数万民夫挖掘出一道长壕
深阔逾丈，壕长一百三、四十里。
又延伸至河西三汊河和城北上元门
像一道锁链，团团围困住南京城池。
虎狼横行至此也要无奈地止步
飞鸟突围也要留下高翔的翎羽。

一队队年轻的太平军士兵在城头换岗
饥饿面孔流露出一丝丝倦意。
"天京事变"乌云尚未完全消散
城内弥漫着浓浓的血腥气。
"通军主将"石达开从京师愤然出走
卷走大批兵力转战皖赣浙地区。
太平军主力从此一分为二
裂痕暴露，显示出巨大分歧。

3月，后军主将李秀成请命出京
取道芜湖渡江，连克和州、滁州和来安。
南郊板桥和大胜关却相继失陷了
围剿日紧，南京陷入了困迫的危局。
七桥瓮，印子山和雨花台变成了前线
越来越多，越来越近，新出现清军旗帜。
李秀成焦虑不安，在全椒加紧操练部队
要用一支霹雳雷火尽扫江北强敌。

6月5日，李秀成率五千将士回援南京

夜幕下在江浦大刘村一带扎营休息。
消息走漏了，清军暗中调度优势兵力
次日，一万多江北大营士兵突然来袭。
大雨滂沱，道路泥泞，不便展开队形
火药尽湿，枪炮失去了作战的威力。
太平军损失千余人，十三座营垒尽失
且战且退，撤回了淮北与皖西。

8 月上旬，各军主将汇聚安徽枞阳
李秀成召开一场秘密的军事会议。
——要把清军主力堵截在淮河以北
二次摧毁江北大营的阵地。
打北救南，"各誓一心，订约会战"
英勇将领们向往着一场规模宏大的战役。
翦除京围，斩杀那帮登堂入室的虎狼
地图上一遍遍推演围追堵截的兵势。

11 日，太平军由舒城三河镇出发
两万余人马浩浩荡荡向庐州进逼。
从西、南两个方向直逼城垣
似锋利的双刀交叉在咽喉之地。
陈玉成、李世贤、吴如孝三部联合行动
旌旗蔽天，掀动起浓浓杀气。
未及接战，万余清军闻风逃窜了
23 日中午，太平军进占了庐州城池。

不战而退，清廷闻讯大为震动
咸丰帝严旨处分溃逃的官吏。
任命胜保为钦差大臣督办安徽军务

皖境各军均归他一人节制。
谕令湖广总督官文分派一路鄂军
星夜兼程赴援庐州迎剿来敌。
谕令德兴阿酌拨江北大营马步官兵
合剿纵横皖中的这一支红巾劲旅。

吴如孝部自庐州北进，入驻定远
迎战一贯以骑兵冲杀的胜保主力。
太平军轻弃庐州后挥军界牌和滁州
前军主将陈玉成返回了主战目的地。
9 月中旬大军抵达乌衣一带
与来自全椒的李秀成部胜利会师。
数万太平军精锐部队如箭在弦
形成了破袭江北大营的最佳阵势。

25 日，胜保骑兵发动了全面进攻
排山倒海驰来，大地在马蹄下痛苦战栗。
马刀像闪电一样灼目，箭矢如同下雨
纵横山河，气势汹汹，所向无敌。
太平军暗中部署了一支神秘伏兵
专克骑兵力大势沉的猛烈冲击。
一彪刀牌手队伍低身冲入了敌阵
盾牌裹身，刀削马足，顿时人仰马毙。

26 日，德兴阿派兵由小店进攻乌衣
一场大战迎来了悲壮莫名的序曲。
太平军奋起迎战，两军胶着，刀枪如林
火炮怒吼从清晨直响到了夜夕。
红巾部队坚韧抵抗，无一人张皇后退

清军大败，丢下三四千具尸体。
27 日，太平军乘胜向小店发起猛攻
黄澄澄背心像是黄河决堤一泻千里。

小店守军是江南大营的援军啊
总兵冯子材下辖五千虎狼之师。
一冲不动，三冲不胜……连接着七冲十冲
花岗岩一般的阵地终于漏出了缝隙。
陈玉成部的骑兵乘势猛扑过来啊
刀光剑影，一路上血流成河，所向披靡啊。
冲破了清军陡冈军营，直下浦口
一举摧毁清军各条阵地上的防御。

大批京城太平军渡水前来助攻啊
九洑洲前，百船竞发，呐喊声四起。
飞矢如蝗，争先登岸，刀刃沾血
再败清军，从背后发起了致命一击。
一把冲天大火点燃了芦苇荡
漫延的浓密烟雾把噩耗四处传递。
火借风力燎遍浦口一带的清军营垒
工事和营寨全部化成了灰絮。

29 日，陈玉成猛攻江浦，天昏地暗了
天空隆隆分不清是炮声还是晴天霹雳。
太平军执盾冲锋如山崩一样势不可挡
厮杀的双方像情人亲密抱紧在一起。
刀起斧落，沉重喘息，垂死一击
守军浴血奋战，损失过万，全部战死。
防线垮了，像是雷击云被强风吹散成碎片

江浦失守，升起了太平军的旗帜。

南京与江北的供应立即恢复了
大队舟楫穿行江面输送来粮草和物资。
李秀成部东进，10 月 4 日占仪征
9 日在古扬州城头插上了太平军旗。
陈玉成部由浦口北攻六合
道员温绍原据城死守，激烈抗拒。
24 日，"力竭城陷，死之"，城门洞开了
南京江北尽成为太平军的领地。

江北大营第二次灰飞烟灭了
秋日金桂送来阵阵迷人的香气。
数万将士的牺牲是一次盛大祭祀啊
最高统治者在紫禁城里苦苦深思。
清廷被迫做出了一个沉重的决定
永远撤去了江北大营的建制。
江北军务移交给江南大营统帅和春
由他统一指挥、调度和节制。

11 月 7 日，庐州城南 70 里的三河镇
一场血仗永远记载入了中国历史。
陈玉成率领一支大军回援安徽
马嘶人吼，多数是南方口音的将士。
李秀成率大军星夜兼程
与陈玉成在三河镇胜利会师。
十万太平军掀起了壮阔的声势
威慑着蒙古骑兵、绿营和八旗。

对阵劲敌是湘军精锐五千余人
血性和诚朴，清一色是"湖南骡子"。
打起仗来凶悍无比毫不畏惧
个个是精锐，是强人，是死士。
悍将李续宾"善骑射，膂力过人"
似一尊战神化身降临了人世。
"七年之间，先后克复四十余城，大小六百余战"
军功显赫，所向无不是望风披靡。

一月内连下四城进军迅猛啊
湘军威名如汹汹山火燎遍了肥西大地。
二攻三河镇取下了镇外的九垒，
血与火铺路赢取了莫大的胜利和荣誉。
面对着二十倍于己的强敌啊
骄横的湘军统帅不肯轻言放弃。
宁可玉碎，不可苟全如瓦瓮
他选择一决胜负的方式来赌自己的运气。

15 日深夜，七营湘军悄悄拔寨
分三路偷袭陈玉成的大营。
枭勇湘军一度得手占据了上风
太平军猝不及防连连四散和退避。
忽然间大雾迷漫，咫尺难辨
湘军凶猛的追击遇到了浓雾牵制。
天不佑我，真正是情何以堪啊
赐给了太平军起死回生的转机。

太平军侥幸逃过了一次大劫啊
仓皇布阵渐渐地重新控制住战局。

陈玉成亲率火队从湘军左后杀出
双方主力在烟筒岗一带残酷"拉锯"。
李续宾率4营官兵连夜往援啊
黑夜中滚动起一团团雷火霹雳。
连续冲锋十数次，"均不得入"
"勇气百倍，怒马当先，往来奋击。"

李秀成大军由白石山星夜驰来
湘军被隔成两处，首尾不得相济。
炮火箭雨一遍遍血洗着战场
阵亡的将士垒成了新的圩堤。
湘军的七座营垒逐一被攻破了
战争天平渐渐地分出了高低。
李续宾睚眦尽裂，身先士卒投入战斗
"终不得出，"一场豪赌失去了意义。

他明白了，此生此地的今日啊
就是自己不避不躲的死期。
"吾前后数百战，出队即不望生还"
马革裹尸是壮士最光荣的仪式。
了无遗憾，朝北方叩首作别了皇上
烧毁了文件、书信和密据。
"续宾怒马驰入敌阵，往来奋击，
毙贼数百，鏖战到夜半，死之。"

三河镇的胜负改写了中国历史啊
重挫了东征西讨的湘军锐气。
打大战，打死战，提供一份最高级样本
视死如归成为了将帅莫大的荣誉。

李、陈合兵乘胜解除了六合之围
六十余座清军营盘被连根拔起。
江北的局面进一步被打开了
南京政权恢复了畅快呼吸。

陈玉成身披龙袍册封为英王
头戴蟠龙金冠镶满了宝石。
赫赫战功赢来了莫大的声望
出入营帐大地上响起滚雷般的战警。
李秀成回京却遇到了严厉封江令
困在浦口，弹药和粮草无从补续。
孤立无援，陷入了进退两难的沼泽
内无军饷支出，外无后勤相济。

是天京卫戍亲兵查获了一封劝降书
叛将李昭寿敦促李秀成早日起义。
洪秀全大惊，全线防范李秀成大军
在狱中质押了李秀成的母妻子女。
天降奇祸，大将军真正是有口难辩啊
孤军奋战，默默地忍受冤屈。
他不顾危难与清军艰苦战斗
一系列辉煌战绩证明了自己的心迹。

一番忠贞不渝的杰出表现啊
解除了洪秀全的重重疑虑。
天王亲书"万古忠义"的横幅
赠给了衷心耿耿的天朝将士。
李秀成晋封为经受考验的忠王
辅佐朝纲担任起重要职事。

一位重要的军事指挥家啊
崛起在太平天国运动的后期。

1860 年 2 月，春寒料峭，滴水成冰
牲血涂旗，出征前祭祀一番天地。
10 日，忠王出京，统领二万余太平军精锐
要用江南清军的覆灭来犒师。
取南陵，绕宁国府，直下皖南啊
24 日占广德，一处处占取膏腴之地。
兵强马壮大踏步进入了浙江境界
机动闪击，一路上轻装疾驰。

左军主将李世贤勇猛过人啊
他是李秀成的堂弟配合尤其默契。
大军南下横扫泾县一带
控制了旌德和太平地区。
马不停蹄一路疾驰东入浙江
29 日，二李会师于浙北的安吉。
重兵压境，形成了巨大的威胁
两把巨剑悬停在浙江的肚脐。

3 月 4 日，清军接战后大败
退出了长兴西南的虹星桥阵地。
二李大军的旗帜飘扬在长兴内外
控制住江浙要道的咽喉位置。
李世贤列阵去佯攻富庶的湖州
牵制住浙江清军的主要兵力。
李秀成率精兵七千人星夜南下
冒充清军"伪装缨帽号衣"。

10 日，李秀成抵达杭州郊外
先锋千余人紧紧扈卫他的坐骑。
一道道清军营垒顺利放行
混乱中迫近了杭州城池。
"惜因前锋贪获马匹"露出破绽
守城清军察觉后立即将城门紧闭。
一次乔装行动险些得手啊
彼此听见了对方急促的呼吸。

11 日，李秀成列队强攻杭州城
武林、钱塘门……受到了猛烈冲击。
炮火连天犹如是严寒压春
箭矢如雨摧打得梅花满地。
五千清军拼死守卫杭州城
杭州将军瑞昌在钱塘门指挥反击。
副都统来存奋战在武林门上
杀戮，收割生命……这些死神丰收的日子。

17 日，太平军布阵南屏和凤凰山
扎营十余座连成了铜墙铁壁。
在观音塘设伏"围城打援"啊
击败了米兴朝总兵和段光清按察使。
又日夜在清波门外挖掘地道
西竺庵、戚家园运出大量的新鲜土泥。
成箱炸药源源不断输入地道
危险在酝酿，在积蓄，在持续……

19 日晨，一声巨响惊破了天魂地胆

浓烟和尘土在清波门上滚滚升起。
数丈城墙轰塌了，防线出现巨大真空
太平军主力像洪水灌入了城区。
守城清军竭力抵抗，箭飞枪响，一片混乱
浙江巡抚罗遵殿在乱军中自杀捐躯。
太平军挨家挨户开始了搜寻
繁华的杭州城内一片哭泣。

内城守军清一色是满洲旗人
炮火打烂了黄龙旗，防线却牢牢屹立。
旗营的妇孺全部登上了城墙
手持长矛与可怖的杀人魔王对峙。
浙江是江南大营粮饷的主要来源呀
又是清王朝数一数二的财赋重地。
杭州之战牵动了清廷的神经
一天数旨，调遣救助杭州的兵力。

即命和春兼办浙江军务啊
江南大营立刻分兵出击。
一万五千名将士星夜披挂南下
兵分五路来救援杭州的危局。
六十艘长龙船由苏州水路出发了
古老运河上千余名水勇枕戈屏息。
大批有生力量气势汹汹入浙参战
削弱了江南大营固有的实力。

总兵张玉良从湖州星夜赶来
身后是无坚不摧的六百突击队猛士。
22 日，黄龙旗飘扬在杭州城下

冲破了武林门和钱塘门外的阵地。
"梯城而上，"悍将张玉良身先士卒
一柄重剑如溯流而上的龙鱼。
所向者死，硬生生劈开一条人间血路
与坚守内城的清军将士会师。

23 日，张玉良后军悉数到齐了
渴望建功的两千多虎贲之士。
莽兽咆哮，嗅探和四处寻觅啊
杭州局势出现了微妙转机。
城关上插满了太平军的旗帜
排山倒海渲染出一派盛大声势。
主力却悄悄撤出清波门和涌金门
杭州不见了太平军一卒一车。

"打杭救宁"，太平军主力挥师北上了
走出了一盘精彩的千古大棋。
25 日，由小和山西去发动了余杭战役
重创清军副将王梦麟的羽翼。
28 日过临安，循天目山走小路进军
如山洪暴发陷落了孝丰县的防御。
4 月 4 日太平军抵达了安徽广德
8 日，攻占了"三省通衢"的郎溪。

11 日，辅王杨辅清和定南主将黄文金
率领西路军进占了高淳东坝。
击败浙江提督郑魁士部，击毙都司匡兴仁
千年古镇飘扬起太平军的旗帜。
12 日攻高淳，炮声隆隆，杀声四起，

清军副将梁克勋部率三千人望风逃逸。
18 日占溧阳，击毙了总兵鲁占鳌
知县和浙江提督败走至镇江躲避。

23 日，秣陵关在激烈炮火中易主啊
太平军占领了天京南郊的要隘重地。
西路大军再一次兵分两路啊
向天京发起了猛烈的攻击。
杨辅清、黄文金率领西路军的左翼
29 日，锋芒进逼雨花台地区。
右军主将刘官芳和求天义陈坤书指挥右翼
逼近高桥门施加了巨大的压力。

李世贤率领东路军的右翼
13 日占溧阳，击毙知县尚纳布、都司徐龙遽。
15 日攻宜兴，被总兵刘季三部所阻
转去武进县西南的太湖湖区游击。
17 日攻金坛，牵制住东面清军
接战总兵马德昭部显示出强大战力。
18 日，太平军主力围攻金坛县
知县李淮和参将区得胜闭城防御。

李秀成指挥东路军的左翼啊
经溧阳向句容西南的赤山出击。
23 日，李世贤部自金坛班师
占领句容，截断了江南大营的东翼。
27 日，"两李"战旗漫山遍野啊
向淳化镇发起了声势浩大的合击。
清兵三千余人再次"闻警溃退"啊

战局变幻出现了决定性转机。

次日，大败悍将张国梁的援军
淳化镇上飘扬起太平军的旗帜。
大部队开拔向天京东北面
在姚坊门至钟山一带扎营。
陈玉成、吴如孝部自全椒南下
4月底渡江，到江宁镇板桥和善桥集聚。
各路太平军会师在天京外围
总兵力达到可怖的十余万人。

5月2日，太平军兵分五路
向江南大营发起猛烈攻击。
李秀成部从尧化门出发
李世贤部来自北门洪山和燕子矶。
刘官芳、陈坤书部来自高桥门
杨辅清部来自雨花台地区。
英王陈玉成部来自善桥方向
天京太平军从后面发起了夹击。

两军死搏，便是此一生的忌日了
必须精彩、光荣和无比绚丽。
来了就痛痛快快对决一场
此命属君，请从刀刃下领取。
当晚，天降大雨，南京一片泥泞
雨冷风清，倒春寒连日不止。
太平军冒雨发动了一次次进攻
军人们又湿又脏，露出愤怒牙齿。

攻守拉锯尽是白白徒劳啊
战事胶着分不出输赢和凶吉。
双方体能一次次超出了极限
只有一口余气在嗓眼游移。
惯于集中优势的杰出将领啊
面对着敌方一次次增兵的优势。
善于夜间偷袭敌方的队伍啊
夜间也被偷营者一遍遍夜袭。

4日，在上河镇、毛公渡一带
陈玉成部搭造了数道浮桥。
一支支敢死队强渡过弹流箭雨
在城西南清军营垒外墙下潜移。
5日，太平军突破西南一线的长壕
像出山虎狼猛扑上清军阵地。
战事白热化像龙卷风瞬息万变
战场上的混乱无人能够控制。

天京城内太平军抛掷的火罐
接连落入了清军副将雷安邦的营地。
意外引爆了火药库，爆炸连连
地动山摇，仿佛是世界末日，该部慌张逃逸。
周边清军大惊，纷纷撤出营外
太平军趁乱发起了前后夹击。
半日内，西南五十余座江边营垒全陷
总兵黄靖、副将马登富等数千人被毙。

清军骁将张国梁率兵急援
西部防线溃散了，毕竟是大势已去。

营垒起火，将士败逃，无法约束了
东路的援兵只得退回了原地。
清军破坏了秦淮河上方桥
固守大小水关及各座营垒。
期盼东南部分的长壕、工事和营垒
作为江南大营保本自救的基地。

城内外的太平军在天京西南会师了
重围瓦解，士气高涨，形成了盛大合力。
连夜猛攻东南清军，黑夜中杀声遍野
清军开始动摇，纷纷焚毁营盘，阵线瓦解。
和春率残部败退往镇江和丹阳
江北一带的清军也后撤离去。
5月6日，江南大营二次被摧毁了
南京解围，一望无际尽是红头巾战士。

穿过江南大营烟火缭绕的营地
李秀成与陈玉成并辔疾驰。
"营内存银十余万，枪炮、火药、铅子等项不计其数"
全部成了太平军的战利品。
他俩同时勒住了骏马
向南京城头专注地望去。
在旗帜森林上方，在紫金山高处
一片火烧云，折射出无比瑰丽的诡异。

4、十三王回援南京受挫和湘军攻克南京

（1862 年 10 月至 11 月 & 1864 年 6 月）

1862 年 1 月，数骑飞出，离开了紫禁城
八百里加急，向战火弥漫的江南奔驰。
清廷颁发出一道重要的任命
——擢升曾国藩为协办大学士。
把苏、赣、皖、浙四省的军务啊
第一次交给汉人来统辖和节制。
东南中国，山河破碎，苦风凄雨
需要一面新的帅旗高高扬起。

大权在握，一群陌生的湘籍汉子
默不出声地踏入了历史殿堂。
湘军，一支在"团练"基础上诞生的军队
战力强大，远胜过绿营兵和八旗子弟。
一群世代耕读的朴实农民穿上军装
古老的价值观焕发出强大凝聚力。
所向披靡，一路扫荡鄂皖赣地区
以"扎硬寨，打死仗"而天下闻知。

3 月，江苏布政使曾国荃沿江北东进
"率新募六千人至军，"介入了安徽地界。
又令胞弟曾国葆率军沿南岸前行
配合兵部侍郎彭玉麟率领下的无敌水师。
两万多湘军连下无为、巢县、含山、和州
占领了太平府、东梁山、金柱关、芜湖等地。
5 月，又夺秣陵关、大胜关要隘
直逼南京城南，在雨花台扎下大营。

彭玉麟水师一字儿在江面上排开
气势浩大，扼住了江宁护城河口。
严密封锁住江上的交通线
不让弹药和粮食流入被困的城市。
曾国荃在雨花台深挖壕沟，广筑工事
建成了易守难攻的一套防御体系。
孤军突出在南京政权的咽喉底下
形成了前所未有的重大威逼。

太平军发起了一次次攻击
撼不动雨花台大营高高的旗帜。
曾系湘军似一座突兀的飞来巨石
放出胜负手，要结束惊骇的棋局。
天王洪秀全严诏李秀成火速回援
要翦除心腹大患和奇辱巨耻。
9 月 14 日，李秀成由苏州出发，督率 13 王
在东坝会齐，领兵 10 余万回援京师。

入秋后江南瘟疫蔓延雨花台大营
湘军伤病满营，一时间大伤元气。
曾国葆、道员彭玉麟皆染病不起
近半将士卧病在床，削弱了战斗力。
曾国藩担心胞弟曾国荃的安全
致信劝他暂时后退，以求稳妥之策。
国荃谓："舍老巢勿攻，浪战无益，
逼城足以致敌。虽危，事有可为。"

由方山至板桥，太平军结垒数百

对湘军雨花台大营形成反包围态势。
10 月 13 日，天京南郊炮火连天响起来
扎红头巾的千军万马发起了攻击。
天京守军的仇恨和愤怒也倾巢出动啊
枪林弹雨倾泄在雨花台大营的土地。
或毁营墙，或填壕而进，前仆后继
或架炮猛轰，屡掘地道来袭……

太平军"环攻六昼夜"，双方精疲力竭了
湘军坚壁固守，丝毫不露怯意。
彭毓橘扶病上阵，"力疾御战，伺懈出击，破贼营四"
曾国葆染疫出战，强撑住虚弱的病体。
"国荃督军抵御，炮伤颊，裹创力战，"
弹痕累累，雨花台大营几成人间地狱。
凭借着深沟高垒，湘军坚守不出
雨花台大营，一台巨型的战争绞肉机……

太平军期盼着速战速决呀
短期内投入了大量的精锐军力。
轮番冲锋，猛扑雨花台大营的东翼
潮水般漫过壕沟和营地，兵不畏死。
11 月 3 日，太平军全力进攻湘军东路，
轰塌雨花台两处湘军的营墙。
太平军往返冲杀五六次，终不得入
湘军拼命抵抗，仿佛是恶魔回到了人世。

李秀成心焦，下令排炮排枪箭弩齐发
展开了死亡覆盖的拼命攻势。
太平军头顶门板条桌蛇行而进

从四面八方向湘军营垒发起合击。
一排排勇士丧命于枪炮之下
尸体推入濠沟，上面再塞填草束。
大股太平军杀红了眼睛
踏尸踩草凶猛地冲上前去。

李世贤气势汹汹从浙江赶来
领来一支三万余人的虎狼之师。
几支劲旅日夜合攻雨花台大营
似巨大的攻城槌一下下砸烂营地。
太平军挖出十几条长长的地道
湘军以挖对挖，阵地变成了庞大的工地。
每挖通一处地道，或熏以毒烟，或灌以秽水，
或以木桩封堵洞口，地道变成了人间炼狱。

曾国荃苦苦支撑，容不得一丝疏忽
大营的防线一度像筛子千疮百孔。
又从西路抽出曾贞干手下四千人来援
全力抵御太平军的明攻暗掘。
坚韧，顽强，在强势力面前势不可挡
湘军如滚滚天雷出现在南京政权面前。
天降大任，"酬君恩、兴家族"
以实现"澄清天下"的大志。

这是一场极其艰苦的战争马拉松啊
生和死的角力持续了四十四日。
数十万太平军将士杀红了眼睛
两万多湘军的阵地却不动纹丝。
交战双方精疲力竭处在胶着状态下

"芜湖守将王可升率援师至。"
曾国荃派出精锐部队内外夹攻
焚敌营垒，"余弃垒走，进击，大破之。"

"十三王回援"作战计划失败了
李秀成下令撤除雨花台大营的包围。
中华门外遍地是弹坑和硝烟
雨花台前浮游着无数将士的幽魂。
多年后南京市民仍听见激烈厮杀声
回荡在这块饱吸血液的土地。
两支劲旅充分展示出自己的力量
没有胜者，也没有孱弱和一败涂地。

1864 年，南京对决进入了 11 个年头
两股绞杀的力量付出了最大的血本。
2 月末，湘军攻占紫金山巅的天保城
3 月 2 日，兵锋至太平、神策门外。
14 日，湘军以云梯登城，未果
4 月起，在朝阳、神策、金川门外挖掘地道。
守军顽强抗击，在城墙后赶筑月城
一旦城墙轰塌，再由高往低组织抵抗。

南京城的封锁严丝合缝完成了
一只野兔也休想越过双方的战线。
城内既无粮草，也无援兵
遍地种麦植菜以度饥馑。
"廷议江宁久未下，促鸿章会攻，
鸿章以金陵破在旦夕，讬辞延师。"
湘军诸将"以城计日可破，耻借力于人，"

"攻益力，""鸿章亦不至。"

6月1日，洪秀全病逝，军心愈不安
李秀成等扶佐幼天王洪天贵福继位。
7月3日，湘军攻占紫金山地保城
太平军失去了城外最后一道屏障。
居高临下，"距城十数丈"， 一览无遗
城内动态尽收在攻城者的眼底。
湘军构筑起数十座炮台
不分昼夜对城内猛烈轰击。

"派各营队伍刈割湿芦蒿草"
在龙脖子山麓与城墙之间扎捆堆积。
上覆沙土，"高与城齐"，可从山上俯冲
城墙像门槛一样完全不足畏惧。
经侦查"城内米麦尚足支持数月"
五万多湘军却"筋力将疲"。
曾国荃担忧师老生变，"深为可惧"
下令赶挖地道，准备轰城。

太平军登高下望，草色黄绿不同
"辄知下有地道"，则"穿隧以迎"之。
或薰以毒烟，或灌以沸汤
地道内死伤无数胜过了炼狱。
太平军侦知和截断一处处地道
倾尽全力施展出杀戮手段。
湘军"将士须臾殒命者，率常数十百人"
或"崖崩而窟塞，"地道成了自掘坟地。

在密集炮火掩护之下
"李臣典等从贼炮极密之处重开地道"。
三十余条地道蜿蜒伸出
像巨龙潜入南京城墙的根基。
几百担炸药小心运送进去
三万余斤火药落放在要害位置。
半月内昼夜不停完成
死神的狞笑蓄积着巨大秘密。

18 日夜，四更时分，风高月黑
城内突然潜出一支数百人敢死队
"由太平门傍城根直犯地道大垒"
要扑灭地底深处可怕的危机。
朝阳门东角又冲出数百人
身穿清军号衣，直扑城下的阵地。
持火弹延烧各处炮垒
火焰漫烧到附近的湿芦蒿草。

湘军久劳早已精疲力竭
忽然遭袭，"夜深几为所乘。"
曾国荃与李臣典正在洞口筹商军情
身先士卒，立即展开激烈反击。
大股湘军闻警赶来保全洞口
与敢死队血腥绞杀在一起。
伍维寿、李臣典等防堵左路
血流成河，壮士一排排倒地。

19 日晨，太平门外人喧马嘶
湘军的主攻部队跃跃欲试。

龙膊子一带攻城的炮火大作
自黎明一直密集响至午时。
李臣典下令封筑地道口
在门外安放出长长的引线。
南京决战进入了关键时刻
攻守双方的搏命在此一举。

曾国荃"悬重赏募死士"
严申"退后之诛"，自绝一线生机。
各路将官"席坐敬听，誓死报国。"
纷纷签下了军令状。
营下猛将个个争先恐后
提督以上者"誓先登者九人。"
手提钢枪，腰悬雪亮利刃
一挥而就写下了绝命家书。

午后，曾国荃"传令即刻发火"
提督李臣典点燃了导火索。
一条火蛇幽幽地游向龙膊子地道深处。
去领教三万斤火药的可怕威力。
一时间"但闻地中隐隐若雷声，约一点钟之久
忽闻霹雳砰訇，如天崩地圻之声。
墙垣二十馀丈崩裂，随烟直上……"
"烟尘蔽空，砖石满谷。"南京城围出现一个巨大缺口。

朱洪章、李臣典等"蚁附争登"
太平军倾倒火药轰烧，现场一片火海。
冲在前方的猛汉霎时烧成了火人
一株株移动的火苗仍嘶吼着冲向前方。

火刀、火枪一刹那间威力无比
冲锋的身影最后燃成了一炷炷焦炭。
连身经百战的湘军老兵也胆寒了
"彭毓橘、萧孚泗手刃退卒数人，遂拥入。"

一排排滚木和擂石倾斜而下啊
山崩似地砸向城墙的缺口。
悍勇湘军视若不见根本不当回事
汹涌迎上前去争领死神的洗礼。
一列列将士倒下，又挣扎着立起
然后再倒下，再立起，直至死去。
步枪和来复枪疯狂地射击
枪膛烧红了，就丢下，再把火弹拾起……

两军对垒，勇者胜啊
湘军嘶哑的嗓子狂喊冲锋。
一支支精锐的敢死队犹同狂飙
在城墙缺口凶猛地冲入。
太平军也呼喊着迎面杀来
扭曲的面孔迎向可怕的杀戮。
两支队伍完全无视枪林弹雨
他们本来就是死神的客人。

刀枪铿锵撞击在一起
抿紧嘴唇积蓄着全身力气。
一刀，补上一枪，再砸一城砖
一拳，跟上几脚，牙齿咬手腕……
每名攻城的将士鲜血满面
每名守城的将士也是满面鲜血。

一来一去，来而不往非君子
在武力较量中算清了历史账目。

大队湘军接踵而来
嘈杂的喊杀声震耳欲聋。
敢死队就像一道锐利的刀锋
大部队就像浑厚笨重的刀背。
一寸，一尺，一丈……
拼死捅穿了南京防守的铜墙铁壁。
终于，防守的力量出现越来越多破绽
决堤的危机变成了现实。

太平军将士接二连三倒下
补位的后备队立刻堵上缺口。
刹那间，血淋淋湘军三三俩俩突过防线
径直向纵深地区冲去。
身后的一切都成为了过去
身后的绞杀从此与己无关。
雀跃，蹦跳，带着心满意足的狞笑
踏上了南京城区的新鲜土地。

终于，缺口处的太平军溃败了
数千人壮烈地战死在龙膊子缺口。
从衣到鞋，都是红头帕的颜色
卧尸城下，仿佛是一块块城砖托胎成了人形。
大队清军源源不断灌进城去
犹如长江水在决堤后翻卷肆意。
猎猎战旗席卷着强劲的南风
为盛夏的南京默默地招魂。

湘军登上了城内的龙广山
向右路太平门上的太平军排列轰击。
枪炮齐鸣，硝烟翻卷，对手退去
一支湘军劲旅从太平门月城攻入。
夕阳西下，晚霞呈现出浓厚血色
南京城完整地袒露在湘军的刀锋下。
11 年前，南京破城的一幕重新上演
彼时君为刀斧，此刻君为肉糜。

湘军立即分兵四路追剿
犹如股股渠水在久旱土地上消失。
朱洪章部率军进击中路
由北向南主攻天王府。
刘连捷部右路进击台城趋神策门一带
朱南桂率队从神策门地道旁梯攻而入。
两军会师齐头并进，兵力益厚
鏖战至狮子山，一举夺取了仪凤门。

左路彭毓橘部由内城旧址直击通济门
萧孚泗部分夺朝阳和洪武二门。
防守的太平军将士悉数战死
附近的太平军营垒燃起火光。
聚宝门西演出一幕幕人间惨剧
罗逢元部由旧地道缺口仰攻而入。
李金洲率队出现在通济门月城
缘梯而上，如同是虎狼出世。

江南提督黄翼升率水师各营

一处处攻夺中关拦江矶石垒。
陈湜纵容各营虎狼之师
乘胜猛攻滨江顽抗的余敌。
内外合力夺取水西、旱西两门
一举歼灭了彪悍的守城军团。
于是乎，"于是江宁九门皆破"
攻克南京，这一次甫定大局。

忠王李秀成率亲兵狂冲
锐意向旱西门夺路逸出。
迎面被陈湜大队湘军阻遏
折回清凉山西南房屋隐匿。
日色将冥，陈湜布阵严防冲营
彭毓橘置守聚宝门和通济门，
李臣典、李祥和扼守太平门，
朱洪章等见星收队，在龙广山结为圆阵休息。

三更时分，南京城恍若白昼
天王府及各王府同时举火焚烧。
宫殿内火药冲霄，烟炎满城
街巷要道火已燎原，以塞断湘军。
天王府殿前南门突出千余人
执持军器洋枪向民房街巷而去，
湘军腰截杀敌七百余人
夺玉玺二方，金印一方，宽广约七寸。

四更，忠王率部穿上清军号衣
护卫幼天王向太平门地道缺口冲突。
湘军各营截击，多用火桶火弹焚烧

亡命冲出包围仍有六七百骑。
湘军伍维寿部马队紧紧尾随
向孝陵卫和定林镇一带追击。
曾国荃急调马队七百骑追之
飞咨溧水、东坝、句容会合追剿。

余后两天，局部战斗仍激烈进行
"秦淮长河，尸首如麻，"随波浮沉。
三千余太平军列王列将统统战死
十多万红巾人命赴黄泉。
南京大火连烧了几天几夜
映红了东南中国的天幕
仿佛是一幅崇尚武力的狂草长卷
书写下南京之围的一段苦难历史。

南京无辜，一次次卷入暴力漩涡
饱受火炮、弹药和刀剑的袭击。
城市反复被围困，断粮断水
一遍遍经受铁与火的洗礼。
11 年来，市民们无不是以泪洗面
城头旗帜变幻只是强权的一种游戏。
帝或者王，于民何功之有哉？
百姓苦痛一年年在加剧。

150 年后，我从南京城墙下走过
墙面凹凸不平犹如一组魔力镜片。
光线奇异变幻，瞬间闪现并消失了
记录无数杀戮和征服的故事。
猛然间，一阵阵疾风吹来，绕耳三匝

又传来遥远年代的血腥厮杀声。
提醒我，什么是南京城真实的历史
永远、永远地不要忘记……

1937——击沉南京

南京上空，雷积云不停翻卷和堆积，绵延见不到尽头
黑或白，被一道道锯形的凛冽闪电洞穿，从心脏部分刺透
强大的气旋，像一群群莽撞的野兽无意间落入天神的陷阱
蹬踢，踹踏，不可遏制的逃亡念头，流露出无名状的怨愁

久久等待，东风却迟迟不起，雷霆的导火索暗暗在燃烧
从东方到西方，天地默然，静静地把一道军令等候
城堡般的云团，坍塌，溃败，转眼又麇集成擎天的峭壁
风云变化，友军投诚到敌方，更多的宿敌化成了朋友

东方世界的天神，凌乱黑发，黄皮肤绷紧了结实肌肉
激烈抗争，紧张呼吸，强击中迸飞起一块块甲胄
高强度的对峙，损伤健康，破坏了原本正常的生活
只剩下厮杀，在厮杀中死去，或者在厮杀中存留

一道道闪电，像高贵的唐刀，一串干净利落的连续劈刺
数声雷霆，在天际轰然炸开，漫天散开了烟雾和血肉
终于，暴雨倾盆，天河决堤般往下哗哗倾泻
大江上下，人如鱼虾，统统淹没在浩瀚历史的下游

1、沪淞会战失利，日军迫近南京

1937 年，8 月毒辣的阳光下，沪淞会战拉开了序幕
70 万国民军，一队队血肉之躯，垒成了激战的最前沿
德式装备，更多的是汉阳造，鸟铳和砍刀都用上了

子弹打光了，手榴弹像飞倦了的候鸟一群群落向阵地的两边

装备精良的日军，一片浓密乌云，黑沉沉压坍了上海外滩
飞机俯冲，海上舰炮雷霆般轰鸣，一举夺走了战争主动权
20余万强敌，训练有素，一步步逼近了上海的咽喉
金山卫迂回成功，打出了一记杀伤性的战略左勾拳

16万国军倒下了，苏州河昼夜流淌着殷红的血水
烫裂的枪膛上辉映着十里洋场气派的夕影
先攻后防，战争天平倾斜，一条条年轻的生命沉沦
从虹口到宝山，每寸土地被弹壳耕耘过了几遍……

11月，武装巨人露出了倦怠神态，国民军溃退了
东方门户洞开，太阳旗招展，坦克联队嘎嘎地碾过了万顷良田
日军右路沿京沪铁路线西进，一路夺取沿江要塞，消灭江防部队
军舰溯江而上，隔断江北守军之策应，直抵南京下关

金山卫登陆的左路日军顺着太湖南侧快速西进
直下广德，占领宣城和芜湖，切断了南京守军之退路
日军主力部队沿着宽敞的京杭大道一路前进，直扑南京东郊
三路大军合力，要将南京守军压迫到下关江边予以全歼

2、南京保卫战打响

南京，年轻中华民国的心脏，庞大帝国的神经中枢
一方秀丽的山水牵动了四万万中国人的心旌和视线
明城墙，秦淮河，紫金山，能否挡住疯狂东进的战车履带？
五千年文明古国，覆盖上一层层浓黑的弥漫硝烟

大批国民军，从上海方向退来，带着耻辱和伤痛
身缠血迹斑斑的绷带，心胸沸腾着报仇雪恨的强烈信念
保卫南京，向世界宣布抗战到底的决心
让来犯日军付出血肉代价，让世人敬畏中国的尊严

五千多名教导总队官兵，匆匆从上海阵地上撤回
一律的德式装备，给了总队长桂永清更多一些信心
此时此刻，南京外围的战略要地相继沦陷
日旗的阴影，覆盖了龙潭、汤山、淳化镇和秣陵关

12月9日，20万日军向南京外围发起了第一次猛攻
观测气球升空，步炮空联合，城东一带扬起连天的硝烟
重炮猛轰，飞机临空投弹，一队队士兵殊死突进
机枪发出神经质的叫嚣声，从清晨一直延续到傍晚

日军全副戎装，快步前进，仿佛收到了一份难以推辞的邀请
行色匆匆，时而五体投地，伏在收割后的稻田中间集体反省
如同他们是一班朝圣的僧人，心中怀着一份不可遏制的宗教狂热
不同的是，这一次他们反客为主，要把佛祖的角色扮演

12万守军，伏卧在阵地和掩体中，深嗅着土地的熟悉信息
一群群面色凝重的新兵，登上战争的角斗场，却几乎没受过训练
狠拉枪栓，把东北失守、上海失守的耻辱压进了枪膛
连连扣动扳机，向远方跃动的身影射去炽热的子弹

阵前，枪炮声突然停寂下来，几名日军军官打起一面小白旗
送来了华中派遣军司令官 松井石根的一封亲笔信件
要求南京卫戍司令长官唐生智和平交出南京城
主动撤出金陵，避免两国数十万军人的性命涂炭

唐生智愤怒拒绝了劝降，誓言与日本军队血战到底
破釜沉舟，国民政府要尽全部力量与强大日军背水一战
环城攻防战打响了，一架巨型绞肉机开始全速运转
空荡荡的江面，壮烈地成全了背水一战的严酷悲剧

3、紫金山西山主阵地战斗

12 月 9 日，凛冽的寒风，一阵紧似一阵地刮了过来
团团围住南京城，刺骨的冰寒在脚下如蛇群一般蠢蠢蠕动
日军步炮空联合，形成了一组立体的炮火钳势
舞动海神的三叉戟，要摧垮屹立五百年的明城墙

弹片横飞，飞机俯冲扫射，战车隆隆碾碎了铁丝网工事
一队队异国的士兵，像水银泻地，弯曲地流向四方
在东线，向紫金山、西山陵园、孝陵卫开展猛烈进攻
战斗异常激烈，咆哮声、喊杀声音震耳欲聋

太阳旗一步步逼近，猩红的光芒铺天盖地
雪亮的指挥刀下，挥断了求生的最后一线机会
士兵紧张得汗流满面，硝烟、灰尘和血污裹满全身
圆睁双眼，直面前来索命的狰狞恐怖的死神

日军山洪一般汹涌的进攻，一再被奋勇的守军击退
士兵像麦穗一排排被刈倒，流尽血汗，阵地前染成了一片鲜红
机枪持续的叫嚣声像是外星球的猫头鹰怪鸟
在人造的陷阱中厉声吐露出不可名状的惊悚

四时，炮火暂时停歇下来，阵地前满目疮痍
望远镜中看到，城南有一路日军经小石山由西向东移动
兵力调集，预示着紫金山和西山明天将有一场恶战
守军各连彻夜补足了弹药，准备翌日艰苦的战斗

10 日拂晓，日军高高升起两只载人的观察汽球
一双巨兽的怪眼，炯炯地把南京防区的动静全部收入了眼底
指挥重炮野炮向紫金山、西山、孝陵卫陵园阵地猛轰
声震山岳，硝烟迷漫，攻势之惨烈为连日来所未逢

炮弹落下，化作一排排巨大的黑色罂粟花，在阵地前方摇曳
蛊惑着身穿军装的铁血男儿。让他们一再地沉缅于死亡游戏
千发炮弹雨点般落下，军机坠落般地反复俯冲轰炸
双方的阵地像齿口朝上的锯条在不断抽搐中厉害地变形

上百公斤的航空炸弹，下饺子似地密集倾入阵地前沿
强震，巨响、高温和灰土，不停搅和着炼狱般的混浊与粘稠
一俟轰炸停止，土壤深处这里或那里，慢慢在半昏迷中蠕动起来
一点点地还原成一具具持枪射击的残缺不全的人形

一队日军战车，碾过了燃烧的前线，凶猛地冲入了孝陵卫街西
守军的战防炮连射，炮火像彩虹诱人，击毁两辆，其余战车仓皇
　　逃遁
埋伏在公路桥下涵洞内的守军战士乘势奋勇向前
活捉了弃车逃生的三名日军战车士兵与其随身携带的小铜佛

11 日，紫金山、西山和白骨坟全线展开了激战
日军步兵蜂拥进攻，被半人高的刺网阻挡在宽深的外壕前
守军的步机枪火力密集，手榴弹像情人绣球般热烈地抛扔过去

公路桥下的伏兵猛烈侧射，攻入阵地的日军士兵全部停止了呼吸

日军增加兵力，再次向西山阵地的两翼发起了猛攻
右翼连长阵亡，二营长命令三连连长率兵两排增援并指挥右翼战
　　斗
左翼战斗激烈，重机枪连连长重伤，日军已攻到西山脚下
战况紧急，三连一排又像一根巨大的抵门杠，火速增援上去

西山阵地三面受敌，弹痕的千万根金线在空中密密缝纫天幕
营副李维洲外出掩蔽部督战，随即中弹身亡
姚明德营长眼红了，踏着李营副的足迹冲了出去
只留下书记员吴屏藩独留在营部与团部保持联络

号兵张四维和传令兵丁子俊紧跟营长跑步向前
一路上土壤冒烟，石头烧红，树枝和灌木寸断
在枪林弹雨中来到了最危险的右翼战场
姚营长厉声急呼："弟兄们，要沉着打，一个也不能逃"

战斗异常激烈，日军拼命进攻，国军官兵至死不退
营长亲临战壕指挥，顿时士气大振，将士们愈战愈勇
杀声震天，血肉横飞，一条条枪管不间断地喷吐着火舌
如同一条条死亡之刃，千刺万穿，终将凶猛的日军暂时击退

薄暮，日军增补兵力又展开一次次新的进攻
守军官兵扭曲面孔，视死如归，愤怒地与日军反复冲杀
传达联络，调度增援和堵击，均能因地制宜，未曾失误
挫败了日军的几番进攻，双方将士惨重伤亡，阵地却未曾动摇

12 日，日军继续开展进攻，但已不如前数日激烈

一直鏖战到天黑，阵地胶着无任何变化，日军寸步难行
此时日军偷袭光华门，严重威胁西山阵地右后方的安全
团指挥所后移，秦士铨团长命令放弃西山阵地，撤到卫岗以东防
　　守

午夜十二时，又传令全营立即撤到太平门外岗子脚待命
第一旅一团第二营的将士此时只剩下了二百多人
副总队长周振强告知，电话不通，城内部队极为混乱，情况不明
命令二营撤到煤炭港，设法向江北撤退

4、乱石岗前进阵地的战斗

12月3日，教导总队独立支队一团二营开拔到乌龙山
山高七十多米，北临大江，多处是悬崖峭壁
明暗二十余座古炮台，一色清朝老式大炮，却没有炮弹
直到四个月前，乌龙山新建了两座现代化的炮台

炮校干部班的数百名学生军，操控着多门八八式高射炮
炮火封锁长江，阻止敌舰入侵，具有重要的战略地位
二营官兵们彻夜构筑工事，星光下镐斧起落
仰闻声声雁鸣，营长索本勤誓与阵地共存亡

浩瀚长江，静静地流淌在冬日的月光下
一部数千年的中华史诗揭开了最悲怆的篇章
强敌压境，一步步进逼中国的首都，实力又是如此悬殊
南京啊母亲，寇若辱你，请先撕碎儿子们不屈的胸膛

4日下午，第2军团的41师由汉口前来接防
桂永清命令二营立即转防到尧华门一带

沿宁沪铁路两侧构筑起坚固的野战工事
开挖防战车外壕，构筑射击阵地……全营官兵挥汗如雨

5 日，传达兵快马加鞭送来了桂永清手令
命二营前往中山门外遗族学校附近构筑工事
尚未开工，又命构筑前湖、历步桥一段的城防工事
全营彻夜不眠，按时完成任务，正式堵塞中山门

7 日，新的命令传来，二营官兵连夜前往麒麟门
五连进入乱石岗前进阵地，六连据守麒麟门阵地，七连为预备队
8 日拂晓，营长索本勤骑上摩托车前往汤山一带联系
迎面撞见了溃退下来的一股股国民军零散部队

才知道汤山失守，东大门完全向敌人敞开了
教导总队骑兵团连日组织抵抗，兵员的损失很大
正在青龙山沿线极力阻敌前进，边打边退
陆续撤回到太平门外徐坟一带警戒

当晚，骑兵团团长王翰卿发来了紧急报告
日军便衣队穿上第八十七师士兵的军衣混入了撤退的队伍
出其不意地袭击了骑兵团驻汤山担任警戒的第一营
一营将士伤亡惨重，汤山随后被日军全部占领

总队部命令骑兵团于 9 日拂晓前撤退到徐坟
与守卫乌龙山炮台的第二军团友军联络协防
又下令各队禁止第八十七师的士兵通过阵地
防备化装的日军再一次从背后发起偷袭

日军主力由京杭公路迅速抵达了南京东郊

百余门山炮向麒麟门、乱石岗、九九高地发起了猛烈攻击
五连投入激战，后撤回到体育场一线，掩护六连撤退
日军占领了乱石岗，守军集中迫击炮火力阻止日军进逼

日军发现二营指挥所架设在九九高地上面的秘密
集中炮火猛轰，掩护大批步兵向九九高地右侧迂回
当七连撤到中山陵阵地时，日军已登上了九九高地
战士连续投掷手榴弹，高地上发生激战，营长从高地退下时负伤

全营交替掩护，一直顺利撤到中山门附近布防
11 日下午，总队部传达班长送来了桂永清的手令
命二营立即北撤，迅速退到煤炭港设法渡江
明确了下一个集合地点是在徐州收容

二营在前沿阵地中的损失较小
是南京保卫战中唯一保持建制完整的一个营
提前撤退沿途还收容了一些游勇和散兵
保留下有生力量成为了长期抗战的火种

5、教导总队一团三营：红毛山、白骨坟的战斗

红毛山坐落在孝陵卫东南，仅有 30 来米高
典型的丘陵地形，阵地位置却是十分重要
教导总队的一团三营奉命前往防御
赶在 87 师奉命接防之前堵住阵线的漏洞

三营营长周士泉奉命向教导总队二团团长谢承瑞报到
归从代守光华门城防军务的二团指挥

三营官兵忙于侦察地形，规划纵深阵地
构筑工事，建立起牢固的防御体系，迎接残酷战斗

12 月 8 日，日军升起两只高空气球进行侦察
指挥炮队轰击，日机轮番轰炸，步兵发起了全线攻击
日军装甲部队轰隆隆地挺进到达红毛山前
枪炮齐发，阵地上硝烟弥漫，炸飞的石块和泥土纷纷坠落

九连和十连阵地上一起开火反击
组成严密的火力网，封锁日军前进的道路
组织狙击手打垮一辆日装甲车，坏在路边
又将车完全炸毁成为了一堆废铁

日军不断增援，战况愈战愈烈，情况万分紧急
预备队十一连及时投入了战斗，双方的伤亡惨重
旅指挥部命军士营营长吴曙青率兵一连及战防炮一门及时增援
顽强抵抗，终于遏止住日军的进攻，保住了阵地

当晚，长官部另调邓龙光部队接替了红毛山的防务
三营归还一团建制，奉命进入了白骨坟战线的阵地
身披硝烟的将士们组成了一团的第二道防线
防守着下马牌至白骨坟之间的地区

九连在右，扼守卫岗至白骨坟一线
十连在左，防守下马牌至铁匠营一线
十一连为预备队，储备在遗族学校营指挥所附近
重机枪连及迫击炮排由营部机动使用

9 日，日军炮兵向白骨坟阵地发起猛轰

紫金山西山、陵园、孝陵卫一带炮火连天，遮云蔽日
东线阵地经受了一波又一波强烈的攻击
白骨坟阵地战斗持续到中午，双方伤亡惨重

战斗间歇，士兵们稍作休整，全线阵地未曾动摇
当晚，侦察兵发现孝陵卫总队部营房南端有一部分日军活动
营连立即加强警戒，将士们被甲枕戈，以防日军夜袭
月落乌啼，星垂天边，当晚并未发生任何异动

10 日，日军在麒麟门上空又升起两只高空观察气球
指挥重炮和山炮向紫金山、陵园、西山狂轰滥炸
射程随后延伸至天堡城、中山门和太平门内外
全线展开了空前激烈的短兵相接战斗

一颗颗子弹脱颖而出，远离开枪膛的子宫
壮丽的一生压缩成区区几秒钟的极速飞行
一棵松树被击中了，碗口般的树干腰斩，树冠坠落
人造的"生命"无情地摧毁了自然界的生灵

105 毫米山炮，吞吐火焰，不间断地怒吼
大朵大朵巨型的黑色牡丹，在前方阵地上灿烂地盛开
兵士被高高地弹震出战壕，像接应天使一般悠悠上升
去验证被死神祝福过的无拘无束的自由魅惑

燃烧弹像一桶桶瑰丽的彩色油漆
落地后泼洒出大片大片的明亮和金黄
刹那间的千度高温，总具有黑白片的暗房效果
留下一种寂寞，反复地在袅袅余烟中环绕

日军猛冲白骨坟，守军跃起与日军白刃相接
刀砍枪刺，拳砸牙咬，每寸土地都被淋漓鲜血染红
战防炮连连长王竣阵亡在守卫下马牌的战壕中
全连官兵无一退却，壮烈牺牲在自己挖掘的阵地上

几次殊死的残酷较量，伤亡在迅速增加
日军进攻一次次被守军顽强地击退，阵地上血流成河
双方精疲力竭，日军遗尸阵前也未及拖回，战士们力衰气短了
守军伤亡巨大，战斗力受到了严重削弱

午后，望远镜中突然发现日军的装甲部队和骑兵
在空军掩护下，出现在我阵地南侧，行动显得从容
费解的是光华门的友军毫无反应，任其安然通过
这股精锐的日军当夜并未参加战斗

日军连日强攻，受挫于西山、孝陵一带阵地
部队伤亡重大，未获得实质性的进展
11日，攻击的重点开始转向了南京的城南
在东线作出了佯攻姿态，以牵制我军行动

光华门、通济门及雨花台方面整日炮声隆隆
烽烟冲天，战斗激烈，阵地变成了残酷的人间地狱
东线守军对于南线的战况始终知之不详
力挽狂澜，一直保持着对于日军的高压态势

12日，日军和国民军在东线整日鏖战
日军狼奔豕突，发起了一次次强有力的进攻
国民军官兵竭力抵抗，宁死不退，表现出大无畏的精神

犬牙交错的战线胶粘在原地一直到天黑

晚六时左右，三营奉命于十二时撤退到明孝陵集结
第九连的排长李慕超从白骨坟和卫岗撤退时，已是半夜一时
他撤到明孝陵，却看不到部队，据传在太平门军校整顿
中山门内外出现了一片可怕的寂静

紫金山一、二峰火光冲天，枪声十分密集
第三旅的官兵仍投身在彻夜的酣战中
太平门一带，部队异常混乱，黑暗中无法识别番号
军校大操场一片空阔，楼上电灯尚未熄灭，人去楼空

才知道守城的大部队已尽数撤走了
六朝古都南京已成为了不设防的裸城
李排长奔向下关，江边挤满了成千上万失散的官兵
江水浩瀚，大家望江叹息，一个个面面相觑

李排长和随从士兵找到几根枕木扎成木排
冒死渡江，幸未沉没，终于湿淋淋地登上了北岸
在开封收容时才知道营长已经壮烈阵亡
三营官兵只有几个人从激战中侥幸脱险

6、教导总队二团：惊险的光华门战斗

7 日，第 87 师 261 旅从镇江撤回了南京
一路戎马倥偬，将士疲惫，暂驻在尧化门一带集结
8 日拂晓，部队在体育场与日军一度发生了接触
即进入白骨坟和工兵学校高地的防区与日军展开了激战

防守淳化镇的第 51 师官兵 9 日向南京城郊撤退
跟踪追击的日军像影子一般在身后紧追不舍
守方和攻方几乎同时到达了高桥门
殊死搏战摆开了分秒必争的凶险架势

七桥瓮和中和桥尚未来得及破坏
两千多日兵和十多辆装甲车一直推进到光华门前
少数代守城防的教导总队官兵立即关闭城门
封上厚重门栓，门内沙袋垒到半城门高，以防日军强力冲进

日军山炮推进到高桥门向光华门城门抵近射击
门毁沙倾，百余名日军乘势从沙袋间隙爬进了门内
城内枪炮齐鸣，城门口变成一片惨烈的火海
入城日军被歼灭，守军立即又将城门牢牢堵死

战况紧急，桂永清命工兵团新兵火速驰援光华门防线
又命参谋李政钧秉持手令调来一支炮兵入城
临时在明故宫旁增设了一处新的炮兵阵地
随时准备反击光华门前迫近的巨大威胁

10 日，日军敢死队向光华门阵地勇猛冲击
被工兵团的一排新兵阻住，双方展开肉搏，愈战愈烈
光华门又一次被突破，二百多日军冒死冲进了城内
少数日兵潜伏城门瓮洞内死守不退，城防危在旦夕

桂永清亲率卫士及警卫连的一个排到午朝门督战
在五龙桥至光华门御道上垒起了三道沙袋
掩体上留有枪口，准备展开残酷的巷战
又准备调睢友兰的四团进城前来增援

二团团长谢承瑞明白瓮洞隐藏的日军不多
只是躲在步机枪射杀不到的死角
建言桂永清改用火攻，请火神出山一显强大威力
短兵相接，一鼓作气将这股日军消灭

桂永清立即打电话叫参谋处送来了几桶汽油
谢团长亲带士兵背到箭楼上，打开桶盖，向瓮洞推下去
汽油流出，扔下火种，一时间瓮洞内燃起猛烈燃烧的可怕大火
一部顽据的日军敢死队全体被活活烧死

11 日，天亮之前，城外日军的火力依然密集
城墙上的守军居高临下以炽烈火力压制日军
城门出其不意突然打开了，谢团长亲率敢死队杀出去
十多挺轻机枪同时齐发，日军纷纷倒地

一名未死的日本兵被担架抬进了总队地下室
军医治疗后，联系红十字会前来收留
总队部撤退时，他还躺在地上，睁着眼睛
盖着军毯，不言不语，别人也都不理睬他

谢承瑞团长在战斗前身体有疾仍勉力支持
过度疲劳又开始发烧，体力出现了严重透支
12 日夜撤退到挹江门，出城部队混乱，竟被乱军踩死
少校团副温秉铎也在明故宫被炸死

谢承瑞是江西南康人，牺牲时仅有 32 岁
打仗时身先士卒，在光华门战斗中又被火焰灼伤
来自于法国里昂中法大学陆军专业毕业的高材生

用生命诠释了什么是一名战士的伟大抱负

唐生智震惊于工兵学校高地失守和日军冲进光华门的消息
严斥 71 军王敬九军长夺回阵地，威胁要军法从事
防守工兵高地的 261 旅陈颐鼎旅长即与 257 旅旅长易安华合议
趁日军立足未稳，展开一次绝地大反击

黄昏时分，易旅长率领一个加强团冲出了通济门
向深入光华门附近的日军大部队展开猛烈进攻
陈旅长率领一个加强营迎出清凉巷和天堂村
协同 257 旅夹攻光华门，阻止小经山日军前来增援

经过八小时喋血苦战，光华门内外的日军全部歼灭
遗尸遍地，皆是日军头号精锐第九师团的虎狼官兵
教导总队二团和 87 师伤亡满营，眉眼间透露出英武
宪兵教导团的一个加强排也在增援城防的战斗中立功

易安华是江西宜春人，毕业于黄埔军校第三期宪兵科
参加北伐，升任浙江警备司令部第三补充团上尉连长
1930 年中原大战后升任少校营长
淞沪会战随八十七师围攻上海市区日军阵地，毙伤大量日军

光华门血战中，易安华头部和右臂中弹，仍带伤督战
这位戴着圆眼镜的儒将像负伤的雄狮威风凛凛
12 日，雨花台和中山门失守，形成了三面受敌的态势
日军蜂拥进攻，易安华腰部中弹仆地，壮烈殉国

7、教导总队第二旅：中山陵园的战斗

教导总队第二旅三团是一支虎贲之师
作为总预备队支援中山门及太平门一线的防务
后奉命开拔到右守备队的一线防区
加强紫金山南麓中山陵园地区的兵力

防区右起陵园南端的林森公馆
向北沿伸至中山陵东侧、灵谷寺高地至老虎洞南端
山峦起伏，林密草深，此一带曾经虎狼出没
是国父孙中山先生的陵寝重地

邹作华营长辖下的一营为左翼主力
扼守中山陵东侧、灵谷寺至老虎洞南端阵地
孙仲献营长带领的二营为右翼主力
坚守陵园新村至中山陵东南高地

三营为预备队，由营长卢禹鼎率领
驻守在梅花山、吴王坟和明孝陵东侧一带
团指挥所设置在朱元璋墓前的隧道内
工兵连星夜构筑起各营连的重点工事

7 日上午，团长李西开巡视自己的阵地
中校团副彭月翔、少校团副朱道源陪随
山幽林静，鸟儿啁啾人惆怅
陵园新村的几十处高级官员别墅楼空人去

遗留下大批珍贵文物和古书籍

餐厅存放中外名酒和数不清的山珍海味
花园、游泳池、网球场毗邻延伸
权贵们的神仙生活不由令人唏嘘

8 日，日军主力由京杭大道西进，突破了汤山防线
外围的守卫部队陆续后撤到了南京郊区
骑兵团大批马队由麒麟门、仙鹤镇岔路口后退
撤到了徐坟一带，担任总队的左侧警戒

午后，日军发起了一系列猛攻，战斗异常激烈
老虎洞西侧、体育场、马群、乱石岗前进阵地上硝烟弥漫
夜半，守军将士奉命放弃了前进阵地
撤到紫金山——西山——孝陵卫一带的主阵地，彻夜战斗

9 日，日军向主阵地发起了猛烈进攻
炮轰持续不断，工事毁损，将士们的生命像落叶纷纷凋零
冲锋，反冲锋，厮杀得红眼，端起机枪左右横扫
战斗直到日落，陵园新村和中山陵东侧阵地丝毫未曾动摇

10 日拂晓，日军升起两只气球，高空监视阵地及部队调动情况
守军无飞机，高射炮又打不到气球，致使日军洞悉全局
成群日机轮番轰炸，城内外到处投下了重磅炸弹
日军重炮向守卫阵地肆意轰击，不断精准目标，一再摧毁工事

日军步兵在战车掩护下迅速逼近再逼近
一次次发动了猛烈的绞肉机式的血腥攻击
一、三两团的德制反坦克战防炮强硬反击
击毁日战车数辆，捉获了数名战车兵

日军前锋抵近了阵地前沿，士兵的面容清晰可辨
密集的步机枪子弹和手榴弹击退了一波波进攻的浪潮
阵前弃尸累累，伤亡惨重，但阵地未稍动摇
入夜后仍有小接触，然后转入了互相对峙

11 日至 12 日夜，两天是整日激战
紫金山变成了人间地狱，遍地是尸首和呻吟的伤员
进攻的日军咬牙切齿，用炮弹枪弹深耕每一处阵地
守卫将士像打不死的精灵，回报以更猛烈的射击

总队在东郊训练过五年，对孝陵卫地形了如指掌
官兵素质较好，训练有素，士气十分旺盛
受命之日，即以必死决心誓与阵地共存亡
阵地坚固，纵深配备，反复阻击日军，越打越勇

日军冲锋失败，一再增援，几番卷土重来
主阵地岿然不动，显示出中国军人大无畏的气概
手榴弹雨点般落下，浑身泥土，耳朵早已震聋
重炮冲击波一次次把官兵抛起在半空中

12 日中午，新村许多房屋燃起了熊熊大火
日军穿甲弹击毁了中山陵东侧、灵谷寺及陵园新村二营大部份掩
　　体
团指挥部中弹，墓道坚固未遭破坏，人员幸未受伤
日军炮队延伸射程，向吴王坟、明孝陵、中山门一带纵深射击

教导总队官兵坚守在阵地上与日军苦战
一房一屋志在必得，一壕一堑几经得失
此时，友军防守的光华门曾两度被突破

城门外日兵盘踞，随时会偷袭中山陵一带的主阵地

战情变化，一团的右翼阵地显得过于突出
右侧安全和保障受到了很大的威胁
下午六时，秦士铨团长奉命放弃了西山阵地
天昏黑后，一团撤退到卫岗主席官邸以东的阵地上固守

陵园新村及中山陵东侧随时有被包围的危险
三团李团长急命一营退守到天堡城和明孝陵东侧的高地
二营伤亡过重转为了预备队，奉命转移到天堡城南麓
三营接防二营，进驻了明孝陵及梅花山高地

晚七时，邱清泉参谋长打电话发布新的命令
部队伤亡惨重， 教导总队决定重新部署兵力
现由广东部队派一营兵力前来增援
请三团速派联络员到太平门外岗子脚联系

一小时后，少校团副朱道源联系未果匆匆回来报告
岗子脚没有部队，参谋长的命令成了空文一纸
他目睹许多士兵争抢着从北面撤退出城
又听说雨花台失守后，日军已突破了中华门

团部副官施重华由总队部返回，一路上见闻触目惊心
此时，各处电话全面中断，失去了任何联系
中华门被日军占领，城内四处起火，军民混乱不堪
设在富贵山炮台地下室里的教导总队部已经空无一人

李团长立即决定转移到廖仲恺墓南端预备指挥所
坚守阵地，继续指挥战斗，严防日军破袭东边的防线

晚八时，六团刘子叔团长、一团秦士铨团长匆匆过来会商
铺开军用地图，讨论今后官兵们的行动方案

李团长提出两个方案，一是过江北撤
赶上总队的大部队一同行动是万全之策
二是经太平门、尧化门突围，前往皖南一带脱身
要求部队集中精锐拼死一搏，具有很大的风险

刘团长提出六团是刚接来的新兵，战斗力薄弱
几天来伤亡太多，且毫无突围作战的经验
秦团长承认战斗减员大半，无力血仗突围
三位团长一致决定率领剩余部队渡江北撤

李团长立即电话通知各营的指挥官
乘夜色的掩护悄悄北撤到燕子矶设法自行过江
午夜二时左右，紫金山、梅花山方向不断传来枪声
山上的官兵仍坚守在原阵地上酣战来犯的日军

13 日拂晓，李团长到达燕子矶三台洞江边
很多流散官兵三五成群，由下关方向奔涌而来
船只全无，滚滚激流中人头浮沉，漂漂着无数木板、门窗、木盆
江边部队混乱，谁也无法进行有效的指挥

八时左右，身后传来枪声，混乱的士兵又向燕子矶奔逃
团长命令随从士兵各自设法渡江，此后在浦镇集结
邹作华营长带领士兵用电线扎成了两张木排
请李团长和大家一同冒险过江

一张木排只容得下三五人，用一根扁担作橹

官兵用手作桨，向北强渡，缓缓向江心漂去
无数浮尸流来，互相碰撞，又重重撞击着木筏
深深刺痛了逃生官兵们的愤懑之心

突然三架日机飞临长江上空，俯冲扫射
江面上一片惨呼，怒骂声和呼救声不绝于耳
李团长一行已将生死置之度外，只管镇定地划水
午后才到八卦洲，上岸暂时地安定一下情绪

夜间向老百姓租了一条小船，吱吱呀呀渡到江北大厂
凭借着长江天堑，暂时脱离了巨大的危险
二旅剩余的官兵撤到下关江边后，全无渡江船只
少数凫渡脱险，其余流散官兵多被日军射杀

8、教导总队第三旅五团：紫金山二、三峰战斗

第三旅五团的战士多是征召入伍的新兵
历经两个月的训练装备，素质和战斗力增强
独当一面部署在四百多米高的紫金山上
居高临下，牢牢地防守住南京的东大门

三营长罗玉峰率将士驻扎在第三峰老虎洞阵地
二营长欧阳俊带兵扼守第二峰阵地，增援三峰战斗
一营长博守开率队进入了一峰阵地，随时支援二峰
榴弹炮连连长陈斯健在一、二峰之间选修炮位建立阵地

通信兵连连长石怀瑜在团指挥部开设交换所
与总队部及各营连之间构成畅通的通信网
团指挥部设在天堡城与一峰间的北坡隐蔽处

似一群怒不可遏的山鹰眈眈虎视着山脚下的动静

阵地左翼是三旅六团的战友们
守备着岔路口及紫金山东麓一带地区
右翼是二旅官兵在山下阵地布防和固守
组成了一面吞噬钢铁雄师的天罗地网

12 月初，日军大部队一路西进逼近了南京远郊
从汤山淳化镇、牛首山一带传来了隆隆炮声
外围守军与进犯的日军接触，战幕全面拉开
马威龙旅长下令各营连进入阵地，严密警戒

7 日晚，日军的先遣搜索部队开始在阵地前露面
岔路口、麒麟门、乱石岗的前哨战接连打响
发生了一系列零星战斗，双方都在互相摸底
三峰阵地上的官兵严阵以待，深知恶战近在眼前

8 日晨，炮兵观测班在望远镜中发现了重大敌情
沿着京杭大道上开来了一大队日军
由马群一路西进，毫无顾忌地向南京逼近
密集的行军队形，正好送来了炮击的好目标

陈斯健连长命令两门德造榴弹炮直接瞄准
连发击射，呼啸炮弹接二连三地从天而降
爆炸四起，大队日兵纷纷倒地，顿时乱成一团
未死的日军仓皇躲避，嚣张的气焰被迎头歼灭

稍后，日军飞机嗡嗡飞临紫金山上空寻找报复
俯冲扫射，轮番轰炸紫金山、西山、孝陵卫阵地

日军炮兵发射大量炮弹，山峰颤抖，烟扬灰飞
全线展开了一场惨烈的攻防激战

数千只枪管喷射出火焰，子弹蝗虫般乱飞
脚下的每一寸土地都在起火和冒烟
日军全力压制二峰的火力，打得守军抬不起头来
步兵发起了凌厉冲锋攻势，争夺最高的第三峰

三峰守军居高临下，目标鲜明，射界开阔
炽盛的步机枪火力和雨点般的手榴弹打造出一片无人区
利用良好地形和坚固工事，一再地把日军放近到阵地前
日军横尸遍地，伤亡惨重，当天未再进犯

9 日拂晓，晨雾未散，炮兵观测班发现了异样的情况
一支百多人的小部队正在总队部营房的南端架枪休息
视线渐明，观察到服装钢盔与我军显然不同
一面太阳旗插在旁边，居然是一支突进的日军

也许是这一小股日军突进的速度过快
乘夜色从友军防区的接合部直接穿插进来
一路上无声无息，十分危险地偷袭到守军的大后方
较晚进入光华门防区的友军则完全没有察悉

山上炮兵立即掉转炮筒直接瞄准
几发炮弹打得这股日兵血肉横飞不死即伤
幸而及早发觉又及时翦除了心腹之患
才未曾腹背受敌酿成了一场大祸

八时左右，残酷战斗再一次打响了

日军发射了大量燃烧弹、穿甲弹和烟幕弹
步兵猛烈仰攻，海啸般冲击第三峰老虎洞阵地
硝烟火海中三营官兵埋头猛烈射击顽强抵抗

在强寇压境生死决斗的危急时刻
左翼营以一阵密集侧射帮助击退了日军进攻
午后刮起了东南风，日军又发射更多燃烧弹、烟幕弹、催泪弹
冲锋号吹响，大股日军发起第三次进攻

战斗进入到白热化的惨烈高潮
营长罗玉峰、连长胡瑛相继阵亡，敌我伤亡过重
三峰阵地过于突出，补给和增援变得十分不易
旅长命令三营当夜放弃阵地退守到二峰东麓固守

二峰左翼是层峦叠障的崎岖山峰
日军的大部队无法展开迂回攻击
右翼是中山陵东侧的友军阵地
二旅将士们可以提供侧射的支援

二峰是一道易守难攻的天堑
战壕纵深，正面阵地不足二百米
三旅五团的新兵战士们血脉贲张
组成了紫金山阵地的新一道钢铁防线

10 日，日军步炮空联合，集中了优势兵力
对紫金山防线发动了空前强大的攻势
在气球观察员的指挥下，重炮倾泻了近千发各种炮弹
死神在微笑，露出了白森森的狰狞牙床

攻占三峰的日军从高处展开了火力
机枪猛烈扫射，弹片雨点般压制二峰阵地
大队日军从山下一波波地顽强仰攻
枪林弹雨中，石块在头顶舞蹈，杂草飞上了云霄

二峰阵地在燃烧，遗尸遍山，伤亡惨重
营长欧阳俊负伤，连长张仲献阵亡，官兵非死即伤
以暴制暴，以牙还牙，二营还强寇以更激烈的火力
战斗到日落之时，二峰及山下各团阵地均无变化

11 日，南京全线激战，紫金山上可望见全城火光四起
城南雨花台、中华门方面炮声隆隆，战事尤为激烈
12 日午后二时，雨花台失守，南京战局出现了一个重要拐点
敌我在中华门一带激战，烟尘迷漫，情况不明

日暮星稀，东线的日军攻势受挫，国军亦无力反击
炮声暂停，步机枪声时起时落，逐渐稀疏
石怀瑜连长冒着危险前往天堡城北坡的通讯连部
急着去处理通信交换的紧要事宜

途中，在第一峰会见马威龙旅长迎面向东走来
看见了石连长，立刻口授了一道撤退命令
从现在起，各通信排直接移交给各营营长指挥
命令石连长率领连部人员撤到太平门徐坟附近的路东待命

战斗之前是奉命死守，坚决与阵地共存亡
这一道撤退的命令来得太急太突然
二峰的官兵们仍在原阵地上鏖战固守
组成了一道气壮山河的铜墙铁壁

五天五夜血战，来犯日军被坚拒于东线城外
南京的防守力量在一夜之间瓦解和消失了
石连长遵命带领连部人员及勤杂兵二十多人撤下山来
辗转逃生，最后仅他一人神话般脱险

事后才知道最高统帅部当日下令弃城
下午唐生智召集保卫南京的各军、师长下达了撤退命令
马威龙旅长与第 66 军军长叶肇、第 83 军军长邓龙光取得了联系
由太平门经尧化门穿过日军的后方间隙向皖南突围

五团团长睢友蔺得知了撤退的消息后
在落日之前即与副官宗某潜藏到了难民区
六团团长王化藏躲入民间，后来化装脱险
侥幸躲过了高悬在数十万无法脱身的中国将士头顶的利剑

三旅二团六营重机枪连长郝文藻由岔路口转移到陵园
只剩下了二十多名战士和一挺重机枪
在陵园战斗到 13 日拂晓时才获知撤退的命令
他通过熟悉的小道到达下关后被日军俘虏

日军押送郝文藻等人到孝陵卫担挑军品
他乘夜逃脱，经当地老百姓救护，换上便服昼伏夜行
经过多日辗转，历经了千难万险
终于到达了皖南，回到了部队的驻地

山下部队陆续撤退的时候，山上仍然炮火连天
英勇的三旅五团将士仍在一、二峰与敌鏖战
撤退的消息较晚才送达到前沿阵地上

孤悬山巅，所有的退路已被日军层层截断

这多半是入伍的新兵，勇猛血性的中华儿郎
为保卫南京，血沃钟山，不惜暴尸疆场
三旅剩余官兵的下场，按照日军史册的叙述——
"穿著新棉军服，面色红黑的士兵仍守在战壕里，被一个一个枪
　　杀了"

9、第88师：血战雨花台

第88师是国民军中精锐的三个德械师之一
部署在最艰难的雨花台和中华门一带阵地
雨花台防线宽不足两千公尺
在现代化的立体战中防守十分不易

三千五百名一线守军进入了雨花台阵地
构筑起一道钢铁防线拱卫着南京的南大门
虎贲之师在平地上构筑起坚固的战壕
要打出上海保卫战英勇抗敌的凶猛气势

12月9日拂晓，日本第6师团猛攻雨花台
一阵猛烈炮击，继以飞机轰炸扫射，重创中国阵地
头戴钢盔、手持三八枪，一个联队的日军发起了全线攻击
血流成河，一排排士兵瞬间就倒下地去死亡

第262旅523团防守雨花台西面阵地
承担起日军主攻击面的全部军事压力
炮火、弹片和烈焰密密地植入阵地，
疯长出一波波麦浪似的尘土随风摇曳

中国守军凭借着沟堑战壕和有限的武器装备
一次次异常艰苦地击退了火力强大的日军
毛瑟枪、捷克式轻机枪，枪口喷吐出一条条火焰
马克沁重机枪250发帆布供弹链带川流不息

日军进攻遭受到"撞墙"式的惨重挫折
立即又增派114师团合力猛冲中国守军的阵地
大批坦克嘎嘎开来，炮筒一伸一缩地开火
掩护两个联队分由西、南两面夹击

午后，第264旅少将旅长高致嵩纵身一跃
跳入战壕，亲率528团的两个营兵力增援前线
在火的洗礼下日军的进攻再次被守军火力顽强击溃了
壕沟前东歪西倒留下了六七百具尸体

10日，战况更趋激烈，第264旅将士全部开上了火线
工兵一营也投入了短兵相接的殊死战斗
日军端起刺刀一次次冲到阵前，又一次次地被打退下去
阵地上血流成河，付出了数千具死尸的代价

高致嵩是广西岑溪人，毕业于黄埔军校第三期步兵科
参加过东征、北伐诸役，从排长的职位上一路升迁
在淞沪抗战中作战负伤，又率部参加了淞沪会战
12日下午，三面受敌，全旅大部官兵壮烈殉国

高致嵩阵亡时年39岁，日军第6师团23联队发现其遗体时——
"怒目圆睁，周身弹片无数，虽死而双眼如炬

左怀握步枪，右手尤握未掷出手榴弹，壕内中国军皆死俱体无完
　　肤
衣无整絮，……时值寒冬，可想中国军之绝望境地"

第 262 旅少将旅长朱赤亲赴战壕指挥战斗
人在阵地在，官兵们咬紧牙关死守住岌岌可危的防线
组织战士们收捡日军尸体上的武器和弹药
千方百计来补充自己越来越弱的火力

11 日，日军再次发起猛攻，对雨花台阵地狂轰滥炸
朱赤身边只剩下一个特务连的士兵，实力悬殊太大
他下令士兵把手榴弹盖子全部打开，用绳串连导火索，堆在阵地
　　前沿
等日军涌到近前，数百枚手榴弹全部爆炸，日军血肉横飞

弹尽粮绝，日军发起了进攻，再也没有遭遇抵抗
朱赤中弹殉国，口袋里还放着结婚照片和一封未寄出的家书
这位江西修水籍的将领牺牲时年仅 37 岁
静躺在一线战壕里，菊花似的黄土，覆盖住他英俊的面庞

朱赤毕业于黄埔军官学校第三期步兵科
淞沪会战中在上海八字桥首战日军，攻占了日本海军司令部
雨花台一、二线阵地被摧毁后，朱赤率余部退缩至核心工事
顽强抗击，直到全旅将士全部壮烈殉国

当日殉国的还有黄埔四期的 88 师 262 旅少将副旅长华品章
黄埔一期的 88 师 264 旅少将副旅长兼 527 团团长李杰
黄埔三期的 88 师 524 团上校团长韩宪元，以及数不清的校官尉
　　官

一大批杰出的优秀军人捐躯，悲壮惨烈，天日变色

第88师在雨花台战斗到最后一兵一卒
寡不敌众，雨花台失守，留下了一部浴血作战的英雄史
三位旅长中间，竟有两人在激战中当场阵亡
六个团长阵亡五个，十一个营长献出了宝贵生命

连排长伤亡十分之九，六千多守军慷慨捐躯
第88师英勇抗击了日军两个主力师团三万余人
全师总定员一万二千人，沪淞会战五次补充兵员
南京保卫战后，仅有500将士侥幸生还归队

日军分兵立即向中华门和光华门发起了冲击
情况万分紧急，守军凭借着古城墙的优势组织起立体防御
日军一入城门，瓮城内外立刻枪声大作
上下夹击，打得冲进城门的300多日军步兵狼狈万分

入城的日军受困于中国古城门的独特构造
前进不得，后退也不能，藏在角落动弹不得
日军在中华门三进三出，无不是丢盔卸甲
横尸累累，杀入南京的企图始终不能得逞

日军火炮借助雨花台高地居高临下轰击中华门
守军在第88师师长孙元良亲自指挥下死战不退
12日下午三点过后孙元良仍矗立在中华门城楼上
指挥第262旅剩余的部分官兵骁勇作战

日军指挥官松井石根下达总攻击令
两三百架战斗机升临中华门的上空

90 多门大炮日夜轰炸，中华门西城墙被轰开近百米缺口
激战三天三夜之后，中华门最后失守

12 日，南京卫戍司令唐生智电告汉口政府
措辞悲壮，字字句句是数十万军人魂魄的写真
"吾军以血肉之躯，与钢铁相争，伤亡之数，当然重大"
此时，南京全城处于猛烈轰炸之下，紫金山等地仍在激战当中

10、石连长脱险记

12 日晚，石怀瑜连长按照马威龙旅长的命令
带领二十余人撤退到太平门徐坟附近的路东待命
设岗哨严密警戒，派传达军士二人在公路上瞭望巡视
时间一分一秒过去，旅长没派人来，也没有部队来去

石连长写了份简要报告，派军士送去教导总队总部
不到片刻，军士急急忙忙跑回来报告
太平门前部队拥挤不堪，秩序混乱
城门已被部队阻塞，水泄不通，无法进出

闻知要进城的是教导总队的部队
又听说总队奉命前往军校大操场集合整理
石连长立即带队向太平门出发
老远望见黑压压一片军人聚集在城门前相持

进出的部队互不相让，彼此以开枪射击相威胁
出城军人是两广口音，分明是 66 军、83 军的部队
石连长便劝教导总队的官兵暂时从城门洞退了出来

让出城部队先通过，一场武装冲突得到了避免

出城部队像潮水一样蜂拥而出，秩序混乱，不成队形
一波接一波奔腾而出，不知道甚么番号，也不知人数多少
持续约有两个小时左右，才不见有后续部队出城
此时城门洞开，连原先要进城整理的部队，此刻也不知去向

回头一看，石连长的二十多人依然集结在原地没有失散
回到军校大礼堂后，时钟已是午夜十二时以后
富贵山东西两侧及黄埔大院周围看不见人影，一片空阔，寂静欲
　　死
南京业已撤守，只剩下了一座不设防的裸城

石连长进城归队的希望彻底幻灭了，此刻他不再踌躇
——弟兄们走，直奔下关，幸运的话也许还能跟部队过江
下命砸碎行军锅灶，扔掉一切物资，一律轻装
一小队人马以强行军的速度向挹江门奔去

路过成贤街北端，想起了还有一位战士留守在连部
放心不下，石连长决定顺便去看一下这失群的孤雁
万没想到这朴实的皖北农家子弟仍坚守在连部没有离开
一见面就问，"连长，现在怎么样了？"

石连长忙说，部队撤了，快跟着走
留守战士楞了一下，便挎起了自己的二十响自来得手枪
顺手抱起一架仅有的德式总机，猛向地下一摔，便加入了队伍
这战士一瞬间的行动是何等准确、坚强和果敢

在微弱昏暗的路灯下面，一行人走到鼓楼附近

看到零零散散的溃兵，仍然荷枪实弹，武装齐全
正从新街口方向往北走来，心情沉重，默默无言
指望着早日到达下关渡过天险长江

大街小巷关门闭户，熄灭灯光，一片黑暗
亡国之痛，催人泪下，全市笼罩在战争的恐怖气氛中
三牌楼宫殿式的铁道部、交通部业已烧毁，余火未熄
临街房舍，多被日机炸毁，剩下了一片瓦砾

溃退官兵被堵在挹江门内，排出去足有一里多长
等了很久，出城的行列也不见任何动静
前头传来消息说，挹江门已被守卫部队关死
前边出不去，后边向前挤，很多人被踩死踩伤，呼叫连天

不久，挹江门方向突然火光冲天，一片彤红
漆黑的夜空下，光和热的精灵在恣肆舞蹈和忘情放纵
在明亮的背景下，老远望见出城的部队依然聚集在挹江门内
仿佛是一队准备上场的演员在静候自己的机会

大火燃烧了一段时间，渐渐熄灭下来
黑暗的幕布耐心地拉拢，后退，然后再次一点点地合拢
直至最后一星亮光在目光的漏斗中全部慢慢漏空
石连长又折回到挹江门附近打听起火的原因

士兵们纷纷指责守备下关的第 36 师把城门堵死
为自己抢先过江，遂不让城内的守军出城
最后撤离时，索性放起一把燎天大火来
凶险地挡住了十几万名军人的逃生之路

一位战友悄悄问，为甚么我们不从城头缒下去？
紧接着又有几位战友提出了相同的建议
在挹江门东边二百多米处他们登上了城头
往下一看，落差其实并不算是很高

准尉排副董玉林先下城去，战友们一个个缒下去
石连长和准尉特务长李晋九最后也下去了
队伍集结在城墙根下没有失散，这才松了一口气
折磨一夜，没想到在绝望之后才出得城来

13 日晨，通往江边的马路两侧，尽是无法过江的散兵
忽听到后面一阵嘈杂，挹江门不知何时被打开了
一股密麻麻人流像春潮一样从城门洞内奔腾而出
转瞬间蜂涌到下关江边，汇入成千上万的人群中

眼望着一条波涛汹涌的大江横在眼前，北岸遥不可及
军人们悔痛地说，早知如此，又何必撤下火线？
突然间，一阵密集的步机枪声暴雨似地卷过天际
夹杂着微弱的号音从遥远的东南方向隐隐传来

江边的散兵顿时紧张起来，原地卧倒，准备射击
更多的人纷纷四散，急忙躲进民房，有人离开江边不知去向
石连长和二十多名战友就近躲入了下关水泥厂
以门窗为依托，本能地准备组织抵抗

枪声过后，四周沉寂下来，只留下了惊恐如影随形
每个人都很明白，惨酷的搏斗和屠杀很快就要到来
看见不少官兵随身带着长短武器总不能坐以待毙

石连长想，不如豁出命来，从上新河方向突围求生

石连长大声疾呼：最后关头，我们没有别的出路
大家愿意的话，跟着我来，从上新河方面冲出一条血路
成百上千的官兵闻讯集合立刻尾随上来
一支临时组合的军队向上新河方面奔去

但毕竟是一片散沙，意见难得统一
一时激动之后，许多人又选择了踌躇不前
还未抵达上新河，部队已没剩下多少人了
石连长一行垂头丧气，只好又返回到下关

快到中午，江面上无数浮尸随波逐流漫江而下
间有未死者仍在水中挣扎，旋被汹涌的波涛吞没
官兵们再也没有踌躇的余地，各自做出了最后的决定
有人奋身一跃投入江水，有人抱木泅渡，有人离开了江边

生死关头，身旁的战友决定设法过江
各显本领，每人去碰自己的运气，大家互相祝福
石连长叮嘱说，一旦有人侥幸过去，要把情况向部队报告
共患难同生死的二十多名战友，从此各奔前程

石连长和那名留守战友结成伙伴
捡来江边废弃的木头扎成了一张简易的木排
木排下水后全身浸入在水里，只露出头来
时沉时浮，冒险向江北方向泅渡

转瞬间，木排漂到江心，汇入了浮尸流中
全身衣服湿透，浑身冰凉，腹中饿得打鼓般响

两人全力支持，但力量渐渐耗尽
江流迅猛，眼看木排就要一点点沉没

危急中，一条大木船在前方缓缓漂流
石连长二人仿佛看见了救星，拼命向木船划去
靠近船身时，忽听到有人唤道："连长快上来"
话未落地，一根竹竿远远地伸到了面前

石连长顺手握住竹竿，一跃上船，捡回一条命来
回头再望，木排已冲过船头好几米，距离在迅速拉开
眼望着未能获救的战友随波流去
石连长一阵心酸，泪如雨下，愧恨不已

救他者是本团榴弹炮连通讯班的一位军士
曾在石连长手下受训，多年来共住在同一座营房
鬼使神差，在生死俄倾之间，战友竟在大江中流相逢
救了石连长一命，也算是天造地设的奇迹

这木船原本是下关码头的趸船
士兵们砸断了铁链，来充作渡江的工具
大船缓慢漂流，渐渐地离开了江心
竹竿努力撑船，一船军人徐徐地移向了北岸

船大人多，负载过重，又正值长江枯水季节
"咚"的一声，大船终于搁浅了
在一片惋惜声中停泊在离沙滩不远的地方
众人期盼的眼光溶入混浊的江水

遥远下游传来了马达轰鸣，两三只小船急速驶来

肉眼可辨出是日军的武装汽艇在向上游行驶
会水的战友纷纷跳下船去泅水逃生
不谙水性的军人留在船上不知所措

凭刚学会的一点游泳本事，石连长奋力下了水
连吞几口江浪，终于像青蛙一样扑腾着泅渡向前
毕竟趸船搁浅处水也不深，渐渐脚已触地
知道没多大危险，便挺身起来走上沙滩

回望跳船浮渡的官兵，不谙水性者多漂去了下游
只剩区区数十人有幸走上了沙滩
救石连长的那位战友从此再未谋面
石连长万分难过：他救了我，竟又先我而死

走上沙滩，才知道此处不过是江心洲
遥望北岸，还有数百米宽的江面阻拦去路
目测江水缓急，充分考虑过自己的体力
石连长鼓足勇气跳下水去，开始求生的泅渡

为保持体力，他一边顺水漂流，一边向对岸游去
经过几次危险考验，他终于渡过了冬日中的长江
面前出现一片泥潭，此后便是一望无际的茂密芦苇
芦苇尽处就是梦寐以求的长江北岸

石连长疲惫地登上了泥潭，猛然间双腿动弹不得
表面干燥龟裂的泥下竟然是深不可测的无底深渊
后脚才拔出来，前脚又陷下去，后来完全拔不出身来
虎口脱险，又入龙潭，壮士身体越陷越深

石连长立即卧倒匍匐滚动，大口喘着粗气
一滚再滚，终于挣脱了双脚，艰难地摆脱了死神的纠缠
他惊魂未定，透湿的衣裤沾满了污泥和沙石
像一条跳上岸的大鱼，恐怖地环顾着四周的危险

他胸口剧烈起伏，久久仰卧在泥潭的边缘，人几乎散了架
眼睁睁望着两架日军水陆两用飞机溯长江向西飞来
战机在空中俯冲，拉出了凄厉的声音，疯狂扫射江面
随后越飞越近，集中火力向这片泥潭俯冲扫射

来回扫射两次，军机又拉起机头，向东面飞去
航空机枪子弹打起的泥浆飞溅满身，幸未直接命中石连长
他手脚并用爬过了泥潭，闪身冲入了苇塘
九死一生，求生欲望突然间强烈得像初升的太阳

苇塘里危机四伏，深处没顶，浅处齐胸
高一脚低一脚，双手丝毫不敢放开苇杆的扶持
他像一只失群的候鸟，无助地扑腾着翅膀，本能地求生
最终走出了苇塘，石连长安全登上了北岸

几艘日军的武装汽艇先后急驶到江心洲前
捕捉激流中浮沉的身影，来来回回在江面上扫射
密集的机枪声在江面上传播恶魔的狞笑
把失去抵抗能力的国民军散兵无情击沉在江底

那条趸船静静搁浅在原地，变成了一座坟场
混浊江水被鲜血染成了一片惨烈的殷红
船上二百多名不会泅水的官兵居然无一幸免
丧失了战斗力，全被日军枪弹扫落在滚滚江流中

石连长静静躺在长江北岸冰凉的江堤上
浑身棉装湿透，赤裸双脚在芦苇茬和沙石上磨得鲜血淋漓
随身携带的小手枪早已经不知遗落在何方
像又一次被母亲娩出，他犹如婴儿无力、寡助和衰弱

太阳落山，一阵冬日晚风吹来，他冷得混身发抖
让一切恶魔全袭来吧，他无力抵抗，只觉得饥饿疲劳愤恨伤痛
强打起精神，脱掉水渍渍的棉裤，又赶紧拧干了上衣
沿着崎岖小路一口气跑了两三里，才觉得身上有点热气

远远看见前边有两位军人，忙追上去搭伴同行
竟然是教导总队骑兵连保定籍的战友，一位上士，一位是上等兵
战友送来一双布鞋，又忙着买米做饭，石连长也烘干了衣服
稍作整顿，便会同战友连夜奔向了安徽滁洲

11、尾声

1937 年 12 月，一种莫大悲哀，黑云般聚集在明城墙上空
败局已定，炮火的硝烟和心中的愤恨，迟迟地不肯散去
数不清的武装官兵，还有万千无辜的平民在流血中死去
巨大的哀痛，惨烈地一再击碎了中国人的精神世界

一场打不赢的战争，军人们无法躲避，奋力出击
誓言抵抗，迎着猛烈炮火，像刈倒的稻麦一样纷纷罹难
老兵被震得吐血，那些匆匆入伍的新兵甚至不懂得隐蔽
中原的血肉之躯一次次验证了东瀛飞机大炮的残酷威力

国都沦陷，日军在中华门组织了隆重的入城式

落后的中国，眼睁睁看着国土沦陷，再一次吞下失败苦果
实力不如人，更重要的是观念不如人，制度不如人
我们先败给了自己，其次才是败给了别人

殷红的长江水，在呜咽中复述着惨痛故事
怀抱着熟睡般的万千名溺水将士，送往记忆中的历史墓地
那是两淮两广还有陕北几十万母亲、妻子和儿女
白天、傍晚还有深夜，时时牵肠挂肚惦念着的梦中归人

今天，我登上明城墙四下瞭望，77年前的旧景一再重现
不，那只不过是一阵阵清风吹拂树梢，撩动了我的视线
那场酷烈的战争永不消失，永不过去，只是存在于第六空间
我在秦淮河边陷入冥想，我在石头城前追抚往事

那些历经地狱般惨烈的火焰，慷慨赴死的普通士兵们
那些永远把名字镌刻在国家名器上的殉职将领和中下级军官
那些军医，护士，马夫，机械师，炊事班伙夫和大批挑夫
那些被逼离开家园四处流浪最后口衔流弹的难民

那些弯弯曲曲战壕，蝌蚪文般记录着一件件战事
那些锈蚀的弹片，粘上了暗红色液体和肉体组织
那些弯曲的刺刀，损毁的工兵锹和满箱的手榴弹盖子
那些借助雷阵雨重现的一幕幕惊心动魄场景和闪电雷火

那些至今在暗夜中仍四处发光的一处处磷火
那些清明时分被浩瀚春风一再重复的嘱托和寄语
那些绿草之间星星点点的斑驳红花，城墙弹洞中的鸟巢鸣啭曲
那些入夜后，东线和南线，寂静笼罩一切的大宇宙万物无声

不学会反省的民族，永远渺小、孱弱和被世界小看
无论武装起自己的是德式装备还是原子弹氢弹
南京，1937，那一段沉重得像巨型陨石的历史
反复砥砺着一代代中国人的思想锋芒

77 年了，南京战争没有结束，一阵阵抽搐的牵痛
刻骨铭心地困扰着人们的认识、道义和良知
你看江水的颜色、城墙上的弹孔，还有泥土下久久的呻吟
一再注释着经过酷烈考验的一部百年信史

　　本诗情节依据的是军史和战史，尤须一提的是其中一部分内容主要来自于《亲历南京保卫战》这篇文章。作者石怀瑜先生，生于 1912 年 3 月 21 日，青海民和人，汉族，黄埔九期毕业生。1937 年他参加南京保卫战时，任中华民国国民革命军中央陆军军官学校（前身即黄埔军校）教导总队第三旅第五团通讯连上尉连长。在此谨向石怀瑜先生及他的战友们深表崇敬之意。

写于南京　2014 年 7 月

知青节拍

1

当黑夜
在记忆的团雾中
消融
    在梦境
    一层层苏醒的
    早上
中国呵
刷新大片大片
强烈的色彩
    ——嫣红
    姹紫
    金黄……

每一束阳光
都是乐队的
指挥棒
    我听见
    千山万水
    大合唱
马达的歌喉
传送浑厚的
低音
    镰刀的音符
    跳跃在

　　　麦秆的线谱上
渔网拉响了
叮叮咚咚的
水珠
　　　疾驰的列车
　　　把两根锃亮琴弦
　　　奏响……

啊，山村的
每一个
黎明
　　　草原的
　　　每一片
　　　曙光
都是
这么动人
这么美
　　　让来自
　　　城市的知识青年
　　　心旌荡漾
我好奇
我神往
我跃跃欲试……
　　　我历练
　　　我坚持
　　　我默默承当……
上山啊
有望不断的

绮丽风景
　　下乡啊
　　有走不完的
　　险坡陡岗

而现在
是朝阳升起的
时候
　　广阔乡村里
　　天蓝
　　水清
　　风长
这里有
原初的
年画
　　这里有
　　朴素的
　　乡谣
这里有
山峰一样耸起的
脊梁
　　这里有
　　海洋一样波动的
　　牛羊
这里有
史诗反复咏叹的
壮丽
　　这里有
　　传统层出不穷的

　　宝藏
啊，走进
土墙草顶的
新居呵
　　握紧
　　时代传承的
　　锄杖

山河有情
云水有意
乡村成了我们的
新的课堂
　　大兴安岭
　　西双版纳……
　　城市青年的
　　第二故乡
历史回音壁上
铿锵着蛮荒之地的
号角
　　国家拓疆史上
　　续写起赤手创业的
　　篇章
两千万知识青年
走出城市的
沉重脚步
　　一而再
　　再而三叩响
　　近千万平方公里的
　　音箱

2

到哪里去
知识青年
朝气蓬勃的
身影
  到哪里去
  知识青年
  光彩熠熠的
  行藏
在哪里
普通竹木
千古不朽
  在哪里
  无名砂石
  夜生辉光
每个家庭
在饭桌上
反复议论呵
  每个月夜
  在失眠之后
  再三思量
共六届
初中和高中的
毕业生
  一起拥向
  历史出海口的
  方向
压抑

激跳的
心律
　　挺起
　　宽阔的
　　肩膀

历史的河道
就这样，就这样
倏然改变
　　全部离城
　　两千万人一起
　　上山下乡
仿佛黄河
又一次"夺淮""夺泗"……
大幅度地
摇头摆尾
　　寄托了
　　亿万吨水体
　　向东出海的
　　希望
在一处处
街口
　　在一座座
　　车站
在一条条
"通往光辉顶点的"
崎岖小道
　　在所有
　　母亲张皇无助的

目光
远行的背包
沉甸甸地
驮上了肩头
　　瘦弱的身影
　　消失在茫茫人群的
　　中央

从钟山
到昆仑山
　　从昆仑山
　　到天山
从珠江
到长江
　　从长江
　　到黑龙江
千万棵
"扎根树"呵
匆匆栽下去了
　　有没有
　　肥沃的土壤？
　　有没有
　　充足的阳光？

"知识青年
到农村去"
　　标注在司令部的
　　作战版图上
去移山

平地
　　去倒海
　　翻江
把塞外的荒草
织成
锦缎
　　让戈壁的沙石
　　育出
　　米粮
去清除
小生产意识的
千年垃圾
　　去弥合
　　城乡差距的
　　无穷迷茫
去练
一辈子兵
　　去打
　　一辈子仗
呵呵
这俨然是
一支成建制的
预备役部队呵
　　没有装备
　　没有后勤
　　也没有薪饷

那时候
大寨的旗帜

正染红了
吕梁
　　那时候
　　人海的战术
　　还在水利工地上
　　风光
繁重的
体力劳动
挑衅着
知识
　　艰苦的
　　插队生活
　　透支了
　　营养
一日三餐——
除了小米
还是小米
　　假日牙祭——
　　端下高粱
　　端上高粱

我放牧
牛羊的云朵
　　我陶醉
　　塞外的稻香
我垦殖
云南的蕉林
　　我拖曳
　　洪湖的渔网

脚下是
无价的青春
　　一步步
　　任重道长

八年
秋雨
　　八年
　　春光
近三千个
沾满泥土芬芳的
日日夜夜
　　两千多万
　　热血青年的
　　日思夜想
四季
轮回炎凉
　　庄稼
　　播种收场
扎根树
一圈圈年轮
记录一次次
进步
　　枝头花
　　一簇簇新叶
　　见证青春的
　　绽放

多少次

月圆月亏
　　多少次
　　潮落潮涨
八年了
墙上的奖状
一排排
一行行
　　"先进"
　　"模范"
　　"科技创新"
　　"文化扫盲"
八年了
门上的对联
铁划银钩
声成金石
　　"我辈岂是
　　蓬蒿人
　　志在四海
　　与五洋"

这是
普通平凡的
八年
　　在历史长空中
　　闪现出独特的
　　星光
每一天
面临高强度
农业劳动

每一个人
激发不可思议的
能量
——8 小时睡眠？
太阔气了
简直胜过疗养
插队的光阴
对不起
十分紧张
"起床
起床
挑肥下田"
"上工
上工
轮班啃干粮"
"土记者
快，快去采访
八队完成了
三倍定额"
"通知——
文艺宣传队员
连夜排演
《沙家浜》"
多肥的猪草
青年突击队员
悄悄传话
"收工，每人
一筐"
多圆的月亮

　　铁姑娘队
　　暗暗约定
　　"多挖十个
　　土方"
春夏秋冬
接成环形的
传输带
　　源源不断地
　　把丰收果实
　　送进仓房

八本
平整的日记本
记录下崎岖的
人生道路
　　八年
　　敢于直面的青年
　　付出的代价
　　何等高昂
每一天
有十处、百番
艰难
　　每一步
　　在印证、续写
　　坚强
陆地上有
百尺崖
　　海洋中有
　　十级浪

160

草原的风来了
——树是横的
石是飞的
路是竖的
　　　深山泥石流来了
　　　——鞋在树上
　　　火在水上
　　　人在天上
赤脚淌进冰水
今天要抢育
早稻秧
　　　黉夜独闯山坳
　　　暴风雪中找回
　　　迷失羔羊
船走鲨鱼嘴
长篙击遍了
每块礁石
　　　锄落老碱窝
　　　抠出库存的
　　　滴滴油浆
峭壁巉岩
印下采中药的
足迹
　　　原始森林
　　　跟在木排后面
　　　下山岗
插队的路
滚着雷
亮着闪

　　血和汗
　　策动了每一天的
　　趋向

我们紧握着
紧握着
两千年传统的
农具
　　面对着
　　面对着
　　被反复索求的
　　土壤
亩产水平
靠双季稻、三季稻
去博弈
　　"负载力"
　　又在稻田养殖
　　加平方
在黄山
茶林场高耸的
云峰
　　在蓟运河畔
　　浸湿话语的
　　波浪
知识青年
每一户
是一个标准的
掩体
　　每一班

　　　　是一只待发的

　　　　弹仓

太阳熟悉

我们汗湿的

脊背

　　　　月亮查岗

　　　　面对我们的

　　　　空床

艰苦的劳动

坚持到每一天

每一小时

每一分钟

　　　　憧憬和希冀呵

　　　　寄语在每一锹

　　　　每一镰

　　　　每一桨

知识青年

遍布在

五湖四海

　　　　知识青年

　　　　走遍了

　　　　四面八方

年轻

勇敢

　　　　纯洁

　　　　健壮

在艰苦环境

十万大气压的

锤炼下

　　生命碳体
　　焕射出金刚钻
　　强光

每次会聚
交换家信中的
窃窃私语
　　每次交流
　　恍若噼啪拔节的
　　青纱帐
一本本读物
唤醒久远的
沉睡记忆
　　一句句乡音
　　导引泉涌的
　　故乡思量
稚嫩的
知识青年大军
哪里去了
　　在西口
　　在南海
　　在北疆……
在村口黑板
是果树
修剪新知识的
普及
　　在扫盲夜校
　　是集体
　　承包新模式的

　　宣讲
在农技所
是作物新品种的
育种人
　　在翻灌站
　　是低水高流的
　　小龙王
是颠覆
农村旧观念的
一支狂飙
　　是生产力
　　统计表上的
　　有生力量
在这里
在这里
在农村理论队伍
　　在这里
　　在这里
　　在知识更新课堂
在挑河
千百人大军
中间
　　在垦荒
　　烟和火的
　　中央
生活关
劳动关
思想关
　　攀越

步步登高的

天梯

经风雨

见世面

长才干

开始了

震惊中外的

远航

就是这样

把把连枷

在空中飞舞

豆荚飞迸

飘袅起丰收的

芬芳

就是这样

双手插秧

如鸡啄米

碧绿秧苗

整齐排成了

六行

就是这样

在黑板疾书

走上乡校代课的

讲台

就是这样

改进了饲料成分

瘦猪养成了

小象

无数种子
默默地撒遍
广阔天地
　　茁壮地
　　迅速地
　　成长
根系
深深扎进
沃土
　　枝叶
　　终日饱吸
　　阳光

当镐刃
一次又一次
把荒地理成
良田
　　当扁担
　　一遍又一遍
　　在左右肩上
　　换岗
当草鞋
一双又一双
在脚下
磨烂
　　当羊鞭
　　一声又一声
　　吓退了
　　豺狼

知识青年
自力更生
掌握劳动技能
　　　白面书生
　　　清一色变成了
　　　古铜面庞
灿烂星斗
夜夜在眉头
萦绕
　　明媚阳光
　　日日直射进
　　心房

啊，插队八年
我们黄金岁月的
八年啊
　　　青春年华
　　　一段最灿烂的
　　　时光
饱经风雨的
身姿
　　　关心民瘼的
　　　立场
几个通宵
写好一篇
规划
　　　投身"双抢"
　　　多交一倍
　　　公粮

跟上去
出勤的
脚步
　　跟上去
　　训练的
　　队行
跟上去
跟上去
跟上去呵
　　一代代青年
　　战天斗地的
　　榜样

八年——
人生跑道上的
一段冲刺
　　历史潮汐的
　　一波飞浪
探索
农业生产的
不二门
　　传递
　　农业嬗变的
　　接力棒
一步步
一程程
　　一天天
　　一年年
校正了

知识青年
方向盘
　　开创了
　　知识青年
　　龙虎榜

3

让我们
在三棱镜前
检视知识青年
光谱吧
　　让我们
　　听回音壁上
　　披露知识青年
　　理想
画出来——
一幅幅浓墨重彩
国画
　　写出来——
　　一篇篇光彩眩目
　　华章

要雪原
在手下
变成棉田
　　要荒岭
　　开发出
　　稻谷金矿
要林海
搭起
建设乌托邦的
脚手架
　　要草原
　　淹没成群的

　　牛羊
要塔克拉玛干
成为农业起跳的
沙坑
　　层层推进
　　高品质的
　　沙漠农庄
要围海垦田
一处处海峡
圈起长堤
　　一颗颗宝岛明珠
　　紧系在大陆的
　　衣襟上

——这山
太过险峻
怎么好
修梯田
　　交给我
　　为它整容
　　输血
　　换衣裳
——这河
东奔西冲
像匹野马
　　交给我
　　筑一副水坝笼头
　　请它套上
这里

盖电站
　　　那里
　　　办鹿场
呵，渠道
拉直
　　　呵，土地
　　　成方
云和雷
也写进
生产规划书
　　　是后备的
　　　天然水库和
　　　化肥厂
呵，西北绿带
成长
　　　呵，东南水利
　　　兴昌
把理想
编织进青春战旗
经纬里
　　　填写进
　　　乌托邦纲领的
　　　每一行
让憧憬
像鸽群高飞
再高飞吧
　　　时代赋予我们
　　　叱咤风云的
　　　翅膀

中国啊——
胸中沸腾着
多少热情啊
　　腿脚增添了
　　多少力量
我们爱你的
大厦
工厂
　　所以才走向
　　农村
　　山乡
我们憧憬
城市的万千
气象
　　所以更珍视
　　乡野边疆的
　　风光
从窑洞
到竹楼
　　从蒙古包
　　到地窝子
每一句
难懂的乡音
　　每一片
　　奇异的风光
都深深地
吸引着我们
　　形成了万有引力的

　　磁场
去征服
三大差别之间
新的长征吧
　　把现代化旗帜
　　插上每一处
　　田乡
这里有
学不尽的
知识
　　这里有
　　干不完的
　　事业
这里有
永不凋零的
青春
　　这里有
　　永不褪色的
　　信仰
啊，这就是
这就是
农村大学校
　　把铁
　　炼成钢的
　　炉膛

当我——
第一次下田
赤脚淌过

黑泥浆
　　第一次开伙
　　亲手烧熟
　　南瓜汤
第一次出工
成担肥料
挑下地
　　第一次考验
　　放羊归来
　　遇见狼
第一次
手把手地
掌握了渔网的
编织
　　第一次
　　面对面地
　　学会几近失传的
　　传唱
满天晚霞
在钨丝上结晶成
点点灯光
　　集体户日记
　　在面前像百合花
　　开放
我的笔下
思潮奔涌
迅猛冲刷呵
　　形成了
　　一行行诗句的

河床

收工了
手掌连串的水泡
叠着血泡
　　腿脚呵
　　仿佛拴上了
　　千斤重量
肩膀
有针在扎
衣不能碰
　　通知又到
　　晚上拉练
　　民兵站岗
走回知青屋
门前送来的
一捆柴禾
已经晒干
　　邻居大娘
　　端来了一碗
　　香喷喷的
　　鱼汤
于是
紧咬的牙关
集结起新的
力量
　　深沉的瞳仁
　　焕发出无畏的
　　目光

一串欢笑
激荡
激荡
　　一串歌声
　　飞扬
　　飞扬

啊，北方
三百山脉的
重载
　　南方
　　八千江河的
　　流量
一起在
知青史诗中
包容
　　一齐在
　　知青日记中
　　宣讲
知识青年
那不是一个
模糊、松散的
人群
　　那是优秀人才
　　专有名词
　　最旺的火
　　最好的钢
啊
快把月光

点亮
　　快把篝火
　　拨旺
时代责任
一直在
叩打我们的
心环
　　分忧天下
　　永远是
　　本初不变的
　　愿望

一个个
不眠之夜
　　一套套
　　规划大纲
那是谁
通宵备课
冷落了
静候一宿的
晚饭
　　那是谁
　　把棉被抱进苗圃
　　盖上了
　　乍露还羞的
　　苗秧
那又是谁
刚从晕针中醒来
又试扎

治疗当地病的
新穴位
　　　那又是谁啊
　　　拉开手风琴
　　　用音乐魔力
　　　疗治一穷二白的
　　　忧伤
把传统
更好地、完整地
保护起来
　　　让科学
　　　雨露一般地
　　　渗进土壤
啊啊
一起来吧
你双倍的
寒和暑
　　　你全部的
　　　苦和忙
钢铁
必须在烈火中
百炼千锤
　　　纯金
　　　无畏浓酸苛碱
　　　冷缩热胀
胸中的
雷霆
一声声倾诉
　　　眉宇间

　　　闪电
　　　反反复放光
如果新农村
注定要在
我们这一代
建成
　　　我就是
　　　一道渠
　　　一座圩
　　　一根桩

我高声
高声地抒发
远大理想
　　　我轻声
　　　轻声地表达
　　　衷心愿望
"新移民"
是知识青年的
特殊身份啊
　　　请拿出
　　　成片的山林
　　　沉睡的边疆
用博大和信任
来款待
年轻的客人
　　　给我们空间
　　　给我们时间
　　　给我们希望

在山海之间

架起彩虹——

一弯俊秀呵

　　把云霞

　　布下海去——

　　当作幕幛

借渤海

万顷碧波

为征程洗尘

　　铺草原

　　千里花毯

　　布置会场

牧羊女

开着大吉普

引领羊群漫游

　　收胶工

　　安家西双版纳

　　"离上海最近的地方"

层层梯田

如同登天的

阶梯

　　道道水渠

　　琉璃溢彩的

　　长廊

——知识青年

这就是说

一代风流

天之骄子

　　——知识青年

　　这就是讲
　　历史特遣
　　中国脊梁

让我
走进茅舍
走进草房
　　掀开锅盖
　　盛出热腾腾
　　高粱
让我
拦住渔舟
拦住牛车
　　牵挽年轻人
　　伤痕累累的
　　臂膀
知识青年
用社会实践
证明了自己的
价值
　　每个人
　　都是淬水中
　　嘶嘶冒烟的
　　精钢
该怎样
估算这支大军的
能量呵
　　怎样的量词啊
　　才能衡量

作用
是何等巨大
　　意义
　　是多么深长
三届毕业生
鼎负起
时代重任
　　全身心
　　得到了
　　彻底解放

我穿上
肩膀叠着补丁的
学生蓝
　　我走进
　　盟农机局的
　　光荣榜
农村啊
有多少粮仓
砰砰打开
　　有多少宝藏
　　等候过磅
有多少功绩
正在建立
　　有多少伟业
　　同时开创
农村需要知识
知识需要农村
　　就像鱼爱水

兵爱枪

多少次
村口迎来
新战友
　　篝火热啊
　　心更热
　　倾听老知青
　　唠家常
多少次
群英会上
重相逢
　　又有几处
　　乱石岗
　　更名为
　　米粮仓
多少次
参观知青农场的
技改成果
　　我热血的河溪
　　潺潺奔流
多少次呵
诵读广阔天地的
创业史
　　我情感的火山
　　轰然喷放

这里
曾立起了

百里长渠的
第一根测杆
　　这里
　　打下了
　　万亩斗天田的
　　第一夯
这里
汗水比雨水
流得多
　　这里
　　眼光比日光
　　更辉煌
这扁担
生生地挑走了
一穷二白
　　这队旗
　　代表着两千万人
　　前进方向。

4

第一次
扛起锄
深入千亩茶场
　　第一次
　　抄起镰
　　走进万顷麦浪
第一次
潜下湖
踩起河蚌
　　第一次
　　烧湿柴
　　熏黑脸庞
第一次
上千万知识青年
到农村去
　　观念和力量
　　激烈地
　　碰撞

那毕竟是
毕竟是
一个旧箩筐式的
简陋环境啊
　　罩住了
　　严密罩住了
　　江河湖海
　　田野牧场

人民公社
一个空前封闭
落后的
保守结构
　　固化住了
　　生产关系
　　生产力
　　产量
曾经
大放产能卫星的
"神奇土地"
　　曾经
　　虚夸浮谈的
　　各级官长
曾经
砍尽树木
大炼钢铁的
炉膛
　　曾经
　　室如悬罄
　　饿殍盈野的
　　镇乡
并没有
静下心来
反思一下
得失
　　就敞开了
　　迎接知识青年
　　热情的

　　臂膀

于是
两千万有生力量的
注入
　　　数百万
　　　知青家庭的
　　　增长
在一阵
欢欣鼓舞的
表面涟漪之后
　　　迅速地
　　　恢复了往日的
　　　迷茫
滔滔不绝的
空谈
依旧是
滔滔不绝
　　　荒芜悲凉的
　　　土地
　　　仍然是
　　　荒芜悲凉
双季稻
三季稻
土地在磨盘下
榨干
　　　反右倾
　　　人整人
　　　历史在烤炉上

疯狂

知识青年
一支精锐的
突击队
　　就这样
　　渐渐地
　　失去了锋芒
上工
按照壮劳力
考勤
　──担肥
　　耙田
　　薅秧
开会
列入贫农的
队伍
　　──发言
　　表态
　　感想
也许是
百分百的
社员待遇
　　却陷入
　　前所未有的
　　更深惆怅
我不是
一个普通的
劳动力呵

要改变
要进步
要发光

村口的
百亩荒石地
可不可以
不种粮？
　　改种上
　　市场热销的
　　留兰香
社员的
一分自留地
能不能
多一点？
　　悄悄地
　　多分一半
　　又何妨
后山坡
可以建成
自有林
　　让绿色
　　连接起
　　明日的梦想
前水泊
干脆承包给
老渔公
　　丰收季节
　　才有可能

拉满网

还有那
世代承袭的
讨饭户
　　还有那
　　13 岁的
　　新嫁娘
小学
是农村女娃娃
最高学历呵
　　抽烟
　　成了农村男孩子
　　自尊和荣光
再不准
不准侵害
未成年人
利益
　　恨不能把
　　农村陋习
　　一扫光

还有那
吸血虫村的
大肚汉
　　还有那
　　人和猪羊
　　住一房
招神驱鬼

翻新成时髦的
新科学
　　　香灰治病
　　　十个病人
　　　九个亡
快向
农村的愚昧迷信
打出组合拳
　　　把巫婆神汉
　　　送进历史的
　　　审判堂

还有那
一条棉裤三人穿
姑娘冬天
困在床
　　　还有那
　　　冬修水利成遗址
　　　汉子墙根下
　　　晒太阳
一坛咸菜
是全家人眼巴巴的
年夜菜
　　　偷卖掉
　　　救济的耕牛
　　　买只羊……
快割掉
贫穷落后的
尾巴吧

　　再不要
　　风卷屋顶
　　看星光

知识青年
最贴近农民的
哀苦啊
　　一夜夜
　　辗转无眠
　　到天亮
这笔账
几千年历史
要承担
　　却不能
　　成为一堵
　　挡风墙
农民朴素呵
只有农民的单纯
可媲美
　　农村清苦呵
　　苦难的来源
　　要算帐
风起了
坐看风沙
三千里
　　雪下了
　　青春热忱
　　滚滚烫
八年了

物质的进步
历历可数
　　文化的退步
　　溯往宋、明
　　回隋唐

阶级斗争
成为生活的
全部意义
　　拨乱反正
　　烦不胜烦啊
　　入傍徨
一年年
重复低水平
循环啊
　　人民公社
　　耗尽了体制的
　　营养
哈哈——
大队部
进进出出的
太上皇
　　乡村队长
　　颐指气使的
　　黑金刚
读再多书
也打不破乡村
僵局呵
　　穷山沟

怎望建成

米粮仓

于是

没有

没有哇

于是

失望啊

失望

干部

在特殊年代的

氛围里

修成精

百姓啊

只好在大锅饭中

被煮成

一道汤

于是

八年了

还是要离开

众乡亲

要离开

梦魂牵绕的

黄土岗

乡村的烙印

深深刻入

知识青年的

心窝里

务农的岁月

骄傲地写在
知识青年的
履历上
要打破
封建顽固
构成的
无形大网呵
我们要
走得更远
蓄积更强的
力量
要解放
落后的农村
农业
农民
我们首先
要把自己
彻底地
解放

5

那咀嚼过
洪泽番薯的
嘴唇在回答
　　——是的
　　当时我们是
　　这样想
那砍伐过
云南油茶的
臂膀在回答
　　——是的
　　当时我们是
　　这样想
黑土地上
每一把铁锹
在回答
　　——是的
　　我们也是这样
狼窝掌上
每一条扁担
在回答
　　——是的
　　我们也是这样
两千万
知识青年
交出了
这个答案
　　我们去过
　　我们永远是

那块土地的
半个老乡

啊，老乡
多么丰富的
珍贵含义呵
　　比得上
　　地球上蕴藏的
　　全部宝藏
仿佛是
我们仍在
访贫
问苦
　　仿佛
　　听见了哨声
　　正赶去耘田
　　扬场
织在
我们衣边上的
雨丝呵
　　把运肥的
　　脚步
　　催促
系在
我们黑发上的
长风呵
　　把夕阳下的
　　炊烟
　　卷扬

啊，多少
累与苦
　　　多少
　　　雪与霜
一日日
一年年
　　　一笔笔
　　　一桩桩
脑海呀
汹涌
汹涌
　　　胸口呵
　　　滚烫
　　　滚烫

大路上
旌旗招展
　　　长空中
　　　溢彩流光
旧观念
在我们面前
徐徐瓦解
　　　新事物
　　　在我们身后
　　　高高飘扬
快把
农业规划的
横杆
　　　上升

一个又一个
高度
农业发展的
跑道
要铺设
更宽
更长
让生态农业
重塑农村的
新面貌
让育种新技术
培育更多的
米粮
骄傲地
打开我们的
履历表吧
我们曾经
曾经去
上山下乡

——知识青年
我念着
一代人名字
竖划是山
点捺是岗
横划是江
在荆棘中
延伸
在风浪前

昂扬

旗帜

猎猎招展

队伍

无穷绵长

大海照影

知识青年的青春

和雪浪一样

奔放

长空排云

知识青年的理想

比朝霞更为

辉煌

让我们

和千山万水

合影一张吧

定格在

今天崭新的

起点上

看我们

千军万马

直下云坡

上高岗

看东方

云蒸霞蔚

一代天骄

龙虎榜

原稿写成于 1976 年 9 月 4 日

二稿改成于 2011 年 7 月 19 日